ALICE WEIDEL WIDERWORTE

9. Auflage 2025

Druck: GGP Media GmbH, Pößneck

ISBN 978-3-86470-631-8



Bibliografische Information der Deutschen Nationalbibliothek:
Die Deutsche Nationalbibliothek verzeichnet diese Publikation in der Deutschen Nationalbibliografie; detaillierte bibliografische Daten sind im Internet über <http://dnb.d-nb.de> abrufbar.

BÖRSEN MEDIEN
AKTIENGESELLSCHAFT

Postfach 1449 • 95305 Kulmbach
Tel: +49 9221 9051-0 • Fax: +49 9221 9051-4444
E-Mail: buecher@boersenmedien.de
www.plassen.de
www.facebook.com/plassenverlag

ALICE WEIDEL

# WIDER WORTE

Gedanken über Deutschland

PLASSEN
VERLAG

# INHALT

# 1.

# Warum Politik?

Wollen Sie sich das einfach so gefallen lassen? Ich nicht. Deshalb bin ich in die Politik gegangen und habe dieses Buch geschrieben. Denn Freiheit ist für mich nicht nur ein Wort oder ein subjektives Lebensgefühl, sondern ein Gut, das verteidigt werden muss – gegen die Regierungen Europas, die in meinen Augen offensichtlich jedes Maß und Ziel verloren haben. Als Volkswirtin kann ich nicht achselzuckend zusehen, wie seit Jahren in Europa mit dem geltenden Recht umgegangen wird. Hätte ich in meinem Examen der Volkswirtschaftslehre so argumentiert, wie die europäischen Regierungen und die Europäische Zentralbank in der Aushebelung geltenden Rechts später gehandelt haben, wäre ich wohl glatt durch meine Prüfungen gefallen.

Exekutiven, die sich über die Gesetze hinwegsetzen, unsere Grenzen wie Scheunentore öffnen, Notenbanken, die gegen ihre Statuten verstoßen und Staats- sowie Unternehmensfinanzierung betreiben, das alles sind für mich Geschichten aus dem Gruselkabinett. Als Bürgerin bewegt mich die Sorge vor diesen Entwicklungen, die ich als gefährliche Störungen der Rechtsstaatlichkeit wahrnehme. Jeder Deutsche sollte allein schon aus der Geschichte sensibilisiert genug sein, um zu wissen, wohin es führt, wenn Regierende geltendes Recht aushebeln und zu ihren Gunsten verbiegen und es im letzten Schritt gegen die eigene Bevölkerung richten können.

Schimpfe nicht nur, tu etwas für eine bessere Politik und Gesellschaft: Dazu riet mir auch meine Lebensgefährtin, die mein beständiges Kritisieren der herrschenden Politik schließlich nicht mehr hören konnte. Also wendete ich mein Unbehagen in positive Energie und engagierte mich: zunächst für die Wahlalternative 2013, der auch mein viel zu früh verstorbener Doktorvater Professor Peter Oberender angehörte, später dann für die Alternative für Deutschland. In die AfD trat ich im Oktober 2013 ein, nachdem sie im ersten Anlauf den Sprung in den Bundestag nicht geschafft hatte. Mein Ziel war, mich in die Programmarbeit einzubringen und so meinen gesellschaftspolitischen Beitrag zu leisten.

Hätte mir damals jemand erzählt, dass ich vier Jahre später den zweiten Bundestagswahlkampf der Partei als Spitzenkandidatin zusammen mit Alexander Gauland bestreiten würde, ich hätte ihn ausgelacht. Als ich auf dem Höhepunkt des Bundestagswahlkampfs von Veranstaltung zu Veranstaltung eilte, erinnerte mich meine Partnerin manchmal daran. Aus vier Jahren intensivem ehrenamtlichen Engagement für die Partei ist eine noch größere Aufgabe geworden: Im Herbst 2017 wurde ich Fraktionsvorsitzende der ersten AfD-Bundestagsfraktion, der ich meine ganze politische Leidenschaft widme. Die Alternative für Deutschland stellt für mich das wichtigste und vielleicht auch das letzte gesellschaftspolitische Projekt für unser Land dar. Sie ist wahrscheinlich die letzte Chance, die wir überhaupt noch haben.

Dieses Buch ist dennoch kein Parteiprogramm. Es ist meine persönliche Vorstellung davon, wie Deutschland in Zukunft aussehen soll und wie es im 21. Jahrhundert bestehen und dabei Deutschland bleiben kann. Ich bin überzeugt, dass viele in diesem Land genauso denken wie ich. Niemand kann so tun, als ginge ihn Politik nichts an, denn Politik betrifft jeden Einzelnen von uns. Es kann uns nicht egal sein, was aus diesem Land wird, denn es ist unser Land, das uns geprägt hat. Wer es zerstört, zerstört unsere Identität. Höchste Zeit also, dass wir Bürger wieder auf die Barrikaden gehen.

# 2.

# Unser Verhältnis zu Freiheit, Eigentum und Recht

## Auf die Bürger kommt es an

Bürger – ein stolzes Wort. Denn der bürgerliche Mensch ist Rückgrat und Bollwerk der Republik: Er übernimmt Verantwortung für sich selbst und für andere, ohne die Zuständigkeit auf anonyme Instanzen abzuwälzen. Er fragt zuerst, was er für das Gemeinwesen tun kann, statt darauf zu warten, dass die Allgemeinheit etwas für ihn tun soll. Er hält die Familie hoch, als kleinste Zelle des Gemeinwesens und als Ort der Unabhängigkeit und der freien Rede, und verbittet sich jede übergriffige Einmischung von oben. Er ist kein Befehlsempfänger und kein Mitläufer; Autorität, die er anerkennt, überzeugt durch Vorbild und Leistung. Freiheit ist für den Bürger nicht die Lizenz zum ungehemmten, rücksichtslosen Egoismus, sondern der notwendige Freiraum, um seine Verantwortung wahrzunehmen und eigene Entscheidungen zu treffen. In diesem Sinne bin ich ein bürgerlicher Mensch und ich bin stolz darauf. In linksgrünen Kreisen ist es Mode geworden, sich selbst für „bürgerlich" zu halten, nachdem man sich in der einst verachteten „bürgerlichen Gesellschaft" inzwischen behaglich eingerichtet hat. Was für ein Etikettenschwindel! „Links" und „bürgerlich" gehen nämlich nicht zusammen. Entweder man ist links und kollektivistisch eingestellt, oder man ist Bürger und liebt die Freiheit, die republikanische

Freiheit vor der Übergriffigkeit eines sich in sämtliche private Lebensbereiche einmischenden Staates.

Die Freiheit ist der große Gedanke, der den bürgerlichen Menschen antreibt. Freiheit ist der Motor der wirtschaftlichen und gesellschaftlichen, der geistigen und kulturellen Weiterentwicklung. Seine Grenzen findet der Freiheitsdrang des Einzelnen in der Freiheit der anderen. Der Staat ist daher der natürliche und ewige Widerpart der Freiheit. Denn ohne gesellschaftliche und staatliche Ordnung und Organisation kann der Mensch, das soziale Wesen, das „Zoon politikon" des Aristoteles, nicht auskommen. Er braucht die Gesellschaft anderer, um sich geistig, kulturell und wirtschaftlich zu entfalten, und diese Gesellschaft will organisiert sein. Denn der Mensch ist zugleich Mängelwesen. Gerade weil die Evolution ihn nicht auf eine bestimmte, eng umgrenzte ökologische Nische festgelegt hat und er sich auch an den widrigsten Lebensraum anpassen kann, bedarf er der Institutionen, die seine äußeren Lebensumstände ordnen und stabilisieren und ihm den Austausch mit anderen, den „Markt", erst ermöglichen.

John Locke, einer der Gründerväter des neuzeitlichen Liberalismus, definiert Leben, Freiheit und Eigentum als die unveräußerlichen Grundrechte des Menschen. Das Ringen um die Ordnung des Zusammenlebens, die dem Wesen des Menschen am besten gerecht wird, ist das Ringen um einen Staat, der diese unveräußerlichen Grundrechte gewährleistet. Und zwar nicht als huldvoll von oben herab gewährte Gnadenrechte, sondern als unumstößliche Grundlagen und Bedingungen, unter denen die Bürger bereit sind, staatlichen Institutionen Macht und Gewalt auf Zeit zu übertragen.

Der freiheitliche Staat ist deshalb der Staat, dem die Bürger zugleich einen Vertrauensvorschuss einräumen und ihm jederzeit wachsam misstrauen. Ein Staat, über dessen Handeln die Bürger maximale Mitsprache und Kontrolle ausüben können. Die wirksamste Kontrolle ist die Kontrolle durch Wahlen und Abstimmungen – am effektivsten durch Volksabstimmungen –, durch die Ämter und Befugnisse samt den Mitteln zu ihrer Erfüllung übertragen und auch wieder zurückgenommen werden. Deshalb ist der freiheitliche Staat zugleich ein Staat, in dem die Macht bei Gewählten liegt, die sie auf Zeit ausüben, und nicht bei Bürokratien. Diese haben nämlich zu allen Zeiten die Tendenz, sich zu verselbstständigen, ihre indirekte Macht auf Kosten des Souveräns und Steuerzahlers zu erweitern und seiner Kontrolle zu entziehen und damit Lobbyismus und Korruption Tür und Tor zu öffnen.

## Die Deutschen und die Freiheit

Uns Deutschen wird oft ein gestörtes Verhältnis zur Freiheit und mangelhaft ausgeprägte Freiheitsliebe nachgesagt. Der Vorwurf besteht zu Unrecht – und zu Recht. Zu Unrecht, weil die deutsche Nation eine lange und eindrucksvolle Freiheitsgeschichte hat, die sich vor denen anderer Nationen nicht zu verstecken braucht. In der modernen Geschichte beginnt die deutsche Freiheitserzählung mit den Denkern und Vorkämpfern der Aufklärung und des Idealismus, mit Immanuel Kant und Friedrich Schiller, um nur zwei von ihnen zu nennen. Sie hatte ihre große Stunde in den Befreiungskriegen gegen die napoleonische Fremdherrschaft, der Geburtsstunde der deutschen Einheits- und Freiheitsbewegung. Ihre Farben Schwarz-Rot-Gold, die Farben des Freikorps Lützow und der Burschenschaft, sind bis heute die Farben des demokratischen Deutschland.

Das Hambacher Fest von 1832, der Vormärz, die deutsche Revolution von 1848 und das Paulskirchen-Parlament sind eindrucksvolle Zeugnisse des deutschen Freiheitswillens, die bis heute fortwirken und den Geist der Weimarer Verfassung und des Grundgesetzes geprägt haben. Die Weimarer Republik und die Gründung der Bundesrepublik Deutschland setzten unter schwierigsten Bedingungen diese Freiheitsgeschichte fort. Zu ihr gehört auch der Widerstand gegen die totalitären Diktaturen des 20. Jahrhunderts, das Heldentum der „Weißen Rose" und der Attentäter des 20. Juli 1944, der Volksaufstand gegen die kommunistische Diktatur in der „DDR" am

17. Juni 1953 und schließlich die friedliche Revolution von 1989 und der Fall von Mauer und Stacheldraht am 9. November.

Das macht die dunklen Kapitel unserer Vergangenheit, die NS-Diktatur und ihre furchtbaren Verbrechen, vor allem den millionenfachen Massenmord an den deutschen und europäischen Juden, nicht ungeschehen und löscht sie auch nicht aus. Aber es ist eine Tradition, auf die die Deutschen mit Stolz zurückblicken können, ohne ihre Verantwortung für im deutschen Namen begangene Untaten vergessen zu müssen. Im Bewusstsein dieser positiven Traditionen könnte sich die deutsche Nation mit Mut und Freiheitsliebe den Herausforderungen des 21. Jahrhunderts stellen, um ihren wiedergewonnenen staatlichen Rahmen, die deutsche Republik, im Geist der Freiheit zu gestalten.

Doch das Verhältnis der Deutschen zur Freiheit hat zwei Seiten. Auf der Kehrseite steht die unselige Neigung, der herrschenden Obrigkeit länger zu vertrauen, als es guttut; die Augen viel zu lange vor Fehlentwicklungen zu verschließen in der trügerischen Hoffnung, „die da oben" wüssten schon, was sie tun, statt gegen die fortschreitende Entmündigung aufzubegehren.

Dabei haben gerade die Deutschen, als die gebrannten Kinder des 20. Jahrhunderts, allen Grund, ihren Regierungen mit dem steten und gesunden Misstrauen zu begegnen, das den seiner Freiheit bewussten und sein Eigentum verteidigenden Bürger auszeichnet. In den beiden großen Katastrophen des letzten Jahrhunderts sind die Deutschen gleich zweimal durch ihre Obrigkeiten, die Disziplin und Opferbereitschaft bis jenseits der Schmerzgrenze missbrauchten, um die ererbten und mühsam geschaffenen Früchte ihrer Arbeit und ihres Fleißes gebracht worden. Die bürgerliche Mittelschicht hat das besonders schwer getroffen – mit gravierenden Folgen, die bis heute nachwirken.

Die Kosten des verlorenen Ersten Weltkriegs, die vom eigenen Land verursachten wie die von den Siegern auferlegten, bezahlten die Deutschen über die Massenenteignung durch Hyperinflation. Reihenweise wechselten Privathäuser, die ihre Eigentümer nicht mehr halten konnten, mit der Spätfolge in öffentliches Eigentum, dass die Deutschen bis heute ein Volk von Mietern sind, deren Wohneigentumsquote und durchschnittliches Privatvermögen weit unter dem europäischen Standard liegen. Noch gründlicher hat der Nationalsozialismus, der unsägliches Leid und Elend über Europa gebracht hat, auch das eigene Volk ruiniert: Erst durch sozialistische Defizitfinanzierung, Wirtschaftslenkung und Enteignung, welche die Staatsfinanzen noch in Friedenszeiten völlig zerrüttet hatten, dann durch den verbrecherisch vom Zaun gebrochenen Krieg, der Millionen Überlebende ausgebombt, verelendet, vertrieben und entwurzelt in einem zerstörten und zerrissenen Land zurückgelassen hat.

## Zerbrechliches Vertrauen

Dass der Wiederaufbau des verbliebenen Territoriums und der Wiederaufstieg der zunächst in den westlichen Landesteilen gegründeten Bundesrepublik Deutschland zu einer der führenden Industrienationen der Welt dennoch gelungen ist, ist fraglos eines der größten Friedenswerke, das die Deutschen vollbracht haben. Sie haben das übrigens im Wesentlichen aus eigener Kraft geschafft. Die Einbeziehung Deutschlands in das „Europäische Wiederaufbauprogramm“ (ERP) der USA hatte in erster Linie signalpolitische Bedeutung, weil damit die Phase der totalen Stigmatisierung und der harten Reparations-Demontagen endete. Die an Deutschland vor allem als indirekte Kredite für Warenlieferungen ausgereichten Hilfen aus dem „Marshallplan“ wurden rasch und verzinst zurückgezahlt. Die beschlagnahmten deutschen Auslandsvermögen und Patente verblieben dagegen in US-Hand. Allein ihr Wert überstieg die deutschen Verbindlichkeiten gegenüber den USA bei Weitem, wie der *Spiegel* schon 1951 festhielt.

Die Anwerbung ausländischer Arbeitskräfte wiederum begann auf dem Höhepunkt des „Wirtschaftswunders“ auf Wunsch der

Entsendestaaten, die ihre Zahlungsbilanz verbessern wollten. Türkische „Gastarbeiter" wurden sogar erst in den 1960er-Jahren und auf massives Drängen aus Ankara und den USA angeworben, als der Wiederaufbau längst abgeschlossen war und das Wirtschaftswunder schon seinen Zenit überschritten hatte. Dass in geschichtsklitternder Weise von etablierten Politikern immer öfter unwidersprochen behauptet wird, „die Türken" hätten Deutschland wieder aufgebaut, ist nur eine der Zumutungen, die sich die Bürger von jenen, die in ihrem Auftrag regieren, wieder viel zu gutmütig bieten lassen.

Wirtschaftswunder und Wiederaufbau, Ludwig Erhards Versprechen von „Wohlstand für alle", das durch besonnene und ordnungspolitisch solide Wirtschaftspolitik eingelöst wurde und einen Aufschwung begründete, an dem breite Schichten teilhaben konnten, hat den bürgerlichen Mittelstand – zu dem längst auch die aufstiegswillige und qualifizierte Arbeiterschaft zählt – wieder gestärkt und neues Vertrauen in die wiedererrichtete Republik der Deutschen und ihre demokratischen Institutionen geschaffen.

Dieses Vertrauen ist ein anfälliges Kapital, und es wird bereits seit geraumer Zeit dreist und massiv missbraucht und ausgenutzt. Hier liegt der tiefere Kern der fundamentalen Krise, in der sich unser Land und unsere Republik befinden. Überdeckt wurde diese Krise lange Zeit durch den Fleiß, die Leistungsbereitschaft und die Gutgläubigkeit ebenjener Mittelschicht, die sich trotz immer drückenderer Lasten weiter redlich abmüht, über die Runden zu kommen. Sie verwendet ihre ganze Kraft darauf, den eigenen Lebensstandard zu halten und an die nachfolgende Generation weiterzugeben, und hat sich dabei viel zu lange und zu bereitwillig auf die Beschwichtigungen der etablierten Wortführer in Politik und Medien verlassen, dass schon alles zu ihrem Besten geschehe.

# Lastesel Mittelschicht

„Leute in Dreizimmerwohnungen erhalten den Staat", hat Gottfried Benn einmal sarkastisch festgestellt und meinte, „die drunter und drüber" nutzten ihn aus. Der Wohnraum, über den eine durchschnittliche Mittelstandsfamilie verfügt, mag seit Benns Zeiten größer geworden sein. Die Diagnose aber trifft zu: Es sind die Angehörigen der Mittelschicht, die Tag für Tag aufstehen, arbeiten, Steuern und Abgaben entrichten, Familien gründen, Kinder haben, sie erziehen und ihnen eine Ausbildung ermöglichen, sparen und Vorsorge treiben, die das Gemeinwesen am Laufen halten.

In Sonntagsreden wird diese Mittelschicht gern gepriesen. In der Praxis von Regierung und Verwaltung ist sie Melkkuh und Lastesel, auf deren Rücken die Politik ihr Tagesgeschäft betreibt und sich selbst und ihrer Klientel Vorteile verschafft, während sie die Grundlagen von Wohlstand und Wirtschaftskraft aushöhlt, die äußeren und inneren Institutionen schleichend zerstört, auf denen Bestand und Zusammenhalt der Gesellschaft beruhen, und das Vertrauen der Bürger in deren Funktionieren missbraucht und hintergeht.

Die katastrophalen Fehlentscheidungen der Regierungsjahre von Bundeskanzlerin Angela Merkel verbinden sich mit Fehlentwicklungen, die sich über Jahrzehnte aufgebaut haben, bis sie zu fataler Dimension aufgelaufen sind. Das hat eine explosive Dynamik in Gang gesetzt, die das Deutschland, das wir kennen, in den Grundfesten erschüttert und in die Luft zu sprengen droht.

Zu den langfristigen Hypotheken gehört zweifellos der tief sitzende Irrglaube, der Staat sei letzten Endes irgendwie für alles zuständig. Das hat die Wohlfahrtsbürokratie in den letzten Jahrzehnten kontinuierlich wuchern lassen, und mit ihr den Steuer- und Abgabenhunger der öffentlichen Hand. Klaglos ertragen zu viele Deutsche noch immer, dass der Staat ihnen mehr als die Hälfte ihres Einkommens auf diesem Wege entzieht.

Bei einer Staatsquote von rund 50 Prozent fällt es schwer, noch von Marktwirtschaft zu sprechen. „Halbsozialismus" nennt Ludwig von Mises das treffend in den „Untersuchungen über den Sozialismus", die er in seinem Werk „Gemeinwirtschaft" unternommen hat. Der Mythos der „sozialen Gerechtigkeit", die angeblich nur durch Umverteilung herzustellen sei, weil der Staat besser zu wissen glaubt als die Bürger, wie deren Geld auszugeben sei, hat die Deutschen lange hilflos gemacht gegenüber immer dreisteren staatlichen Eingriffen in Vermögen und Privateigentum. Hier tritt die dunkle Seite ihres ambivalenten Verhältnisses zur Freiheit unheilvoll zutage.

Die Vordenker der „Achtundsechziger"-Bewegung waren Marxisten. Die Schattenseite des gesellschaftlichen Siegeszugs der „Achtundsechziger" ist der von ihnen propagierte Kulturmarxismus, der unter dem Schlagwort der „Befreiung" einer Vielzahl freiheitsfeindlicher Ideologien den Weg vom exotischen Randphänomen in den politisch-gesellschaftlichen Mainstream bereitet hat. Die Ideologie des „Gender Mainstreaming" und des Multikulturalismus hat hier ebenso ihre Wurzeln wie die Diskreditierung des Leistungsgedankens in Schule und Bildung und eine weithin akzeptierte Technik- und Industriefeindlichkeit im Namen von Ökologie und „Klimaschutz".

## Rechtsbruch und Staatskrise

Dass die etablierten Parteien sich den Staat zur „Beute" machen und dabei Verfassung, Gewaltenteilung und demokratische Institutionen bis zur bloßen Fassade entkernen, haben Kritiker wie Hans-Herbert von Arnim früh angeprangert. Wichtiger Teil der „Beute" ist der aus Zwangsgebühren üppig finanzierte öffentlich-rechtliche Rundfunk, der sich in einer Art Symbiose zum beiderseitigen Vorteil immer ungenierter in den Dienst von Partikularinteressen der von Arnim ausgemachten „politischen Klasse" stellt.

Bundeskanzlerin Angela Merkel – Thilo Sarrazin hat sie anlässlich der Vorstellung seines jüngsten Buches so knapp wie vernichtend als „Inbegriff des Unheils für Deutschland" bezeichnet – hat durch historische Fehlentscheidungen diese Entwicklungen zur umfassenden Staatskrise beschleunigt. Die drei großen Rechtsbrüche, die sie zu verantworten hat – von den vielen kleineren zu schweigen –, greifen so tief und schmerzhaft in die Grundrechte der Bürger ein, dass sich das Ausmaß der Krise nicht länger verheimlichen lässt.

Die Euro-„Rettung" hat die Tür zum europäischen „Superstaat" weit aufgestoßen – zulasten der Nationalstaaten und ihrer Staatsvölker, der eigentlichen demokratischen Souveräne auf dem Kontinent, deren Entmündigung Brüssels zentralistisch eingestellte Eurokraten beharrlich betreiben. Die Nullzins- und Billiggeld-Politik der Europäischen Zentralbank ist ein direkter Angriff auf das deutsche Volksvermögen und Motor einer „Transferunion" zur kontinuierlichen Umverteilung von Nord nach Süd, von Bürgern zu Finanzindustrie und Staatshaushalten. Die Wohlstandsverluste für Deutschland belaufen sich nach Schätzungen schon jetzt auf einen dreistelligen Milliardenbetrag, die Haftungsrisiken haben die Billionengrenze erreicht. Die deutschen Privatvermögen schrumpfen inzwischen auch real.

Die „Energiewende" hat den Deutschen die höchsten Energiepreise Europas bei schwindender Versorgungssicherheit beschert, knöpft Bürgern und Unternehmen jährlich zweistellige Milliardenbeträge für die Förderung unsinniger Doppelstrukturen ab und treibt energieintensive Industrien samt wertvollen produktiven Arbeitsplätzen aus dem Land.

Und schließlich die unkontrollierte illegale Einwanderung von Millionen Menschen aus außereuropäischen Kulturkreisen, die das Land stärker und radikaler verändert als jede Fehlentscheidung zuvor, und das nicht zum Guten. Nur ein verschwindend geringer Prozentsatz der als „Asylbewerber" Eingereisten ist tatsächlich verfolgt und damit asylberechtigt, nur ein Bruchteil wird je in Arbeitsmarkt und Gesellschaft integrierbar sein. Abschiebungen und Zurückweisungen finden faktisch nicht statt. Geltendes Recht ist seit Jahren willkürlich außer Kraft gesetzt und wird vorsätzlich nicht mehr angewandt.

Schlimmer noch: Es scheint zunehmend zweierlei Recht zu gelten. Wer die Regeln anerkennt, wird streng gemessen und bestraft. Neuankömmlinge, die den Rechtsstaat und seine Werte schon vom Zeitpunkt ihrer Ankunft an offen missachten, werden nicht selten mit Samthandschuhen angefasst. „Hassverbrechen" gegen Migranten werden hart geahndet; bei Übergriffen von Zuwanderern auf Einheimische ergehen immer wieder unbegreiflich milde Urteile und Straftäter müssen mitunter selbst bei ellenlangem Deliktregister weder Haft noch Abschiebung fürchten.

Das untergräbt den inneren Zusammenhalt der Gesellschaft und zerstört die Rechtssicherheit. Steigende Kriminalität, Terrorgefahr und Unsicherheit im öffentlichen Raum und vorauseilende Islamisierung, die durch den anhaltenden ungeregelten Zustrom muslimischer Migranten mit archaischen Kultur- und Wertvorstellungen noch beschleunigt wird, bedeuten für rechtstreue Einheimische und integrierte Einwanderer, und besonders für die Frauen, einen täglich spürbaren Verlust an Freiheit, Bedrohung des Eigentums und selbst Gefahr für Leben und körperliche Unversehrtheit. Mit anderen Worten: eine Bedrohung ebenjener unveräußerlichen Grundrechte, auf denen eine freiheitliche, bürgerliche Gesellschaft beruht.

Jahre nach dem verhängnisvollen „Wir schaffen das!" von Bundeskanzlerin Angela Merkel ist das einst wohlgeordnete Deutschland ein zutiefst zerrüttetes und gespaltenes Land. Die Bonner Republik ist Geschichte, die „Berliner Republik", wenn es sie denn je gab, verwandelt sich in der Spätphase der Regierung Merkel in einen gescheiterten Staat. Auf Kritik und spontanen bürgerlichen Protest gegen den Kontroll- und Sicherheitsverlust antworten etablierte Politik und regierungstreue Medien mit Belehrungen, Zurechtweisungen und politisch korrekter Stigmatisierung. Es geht zweifellos zu weit, hier bereits eine „DDR 2.0" heraufziehen zu sehen. Gleichwohl muss daran erinnert werden, dass das Demonstrationsrecht im klassischen liberalen Verständnis ein Freiheitsrecht der Bürger gegen Übergriffigkeiten der Obrigkeit ist. Wenn auf der einen Seite Bürger bei der Wahrnehmung dieses Rechts mit Verwaltungsschikanen und durch geduldete linksextreme Schlägertrupps eingeschränkt werden, während andererseits Politiker und Staatskünstler zu Massenkundgebungen zur Bekräftigung der Regierungslinie mobilisieren, stimmt die Balance der Freiheit zwischen Bürger und Staat nicht mehr.

## Das Ende der Geduld

„Ein besonderer psychologischer Essay wird eines Tages über die fatalistische herdenmäßige Dulderfähigkeit und Geduldausdehnbarkeit im deutschen Volk zu schreiben sein", notierte Erich Kästner im Juni 1945 in seinem „Kriegstagebuch". Der Satz könnte, leider, aktueller nicht sein. Doch jede Geduld hat ein Ende.

Die Deutungshegemonie grün-linker Volkspädagogen, die widersprechende Meinungen aus dem politischen Diskurs auszugrenzen, zu diffamieren oder gar zu kriminalisieren trachten, zerbröckelt unter den harten Realitäten der Staatskrise. Die „Faschismus"-Keule, mit der ihre Gralshüter immer wahlloser und panischer um sich schlagen, um ihre schwindende Interpretationsmacht zu verteidigen, wird morsch. Und das Misstrauen gegenüber den Regierenden wächst. Es kommt aus der Mitte der bürgerlichen Gesellschaft, aus ebenjener Mittelschicht, die von der herrschenden Politik der alten und neuen Sozialisten und Halbsozialisten in ihren Grundlagen bedroht wird. Es wächst dort schneller, wo die Erfahrung mit der letzten sozialistischen Diktatur und ihren Propagandaritualen frischer ist. Und das ist grundsätzlich ein positives Zeichen, ein Zeichen des wiedererstarkenden Freiheitswillens.

Dieses Freiheitsbewusstsein und die Prägung durch die bürgerliche Mittelschicht, der ich entstamme, ist auch mein politischer Antrieb. Aus der Überzeugung, dass die Achtung von Freiheit und

Eigentum, Ordnung und die unbedingte Herrschaft des Rechts unabdingbare Voraussetzungen für Wohlstand und eine gerechte Gesellschaft sind, bin ich in die Politik gegangen. Missstände aufzudecken und beim Namen zu nennen ist dabei nur der erste Schritt. Das Ziel ist, dieses Land zu reformieren und wieder auf jene Grundlagen zu stellen, auf denen Deutschland sich nach den Katastrophen des vergangenen Jahrhunderts erneut die Achtung und den Respekt der Welt erworben hat.

# 3.

# Republik aus den Fugen

Die Bundesrepublik Deutschland ist gründlich aus den Fugen geraten. Regeln und Gewissheiten, die jahrzehntelang verlässlich und unhinterfragt das Funktionieren des Gemeinwesens sicherstellten, sollen auf einmal nicht mehr gelten, werden über Nacht einseitig außer Kraft gesetzt oder willkürlich nur noch nach Stimmungslage angewandt. Kontrollmechanismen, die für die Balance der republikanischen Institutionen und die demokratische Gewaltenteilung unabdingbar sind, scheinen lahmgelegt.

Eine Kanzlerin trifft als Vollstreckerin eines gefühlten Zeitgeistes einsame Entscheidungen von schicksalhafter Tragweite, ohne das Staatsvolk oder seine gewählten Vertreter auch nur zu konsultieren, geschweige denn ihnen das letzte Wort zu geben. Im Medien-Mainstream, angeführt von den regierungsnahen öffentlich-rechtlichen Fernsehsendern, dominierte der Applaus, kritische Nachfragen blieben die Ausnahme. Gerade in der Migrationskrise sind die deutschen Leitmedien, die sich sonst so gerne selbstgefällig als „vierte Gewalt" sehen, dieser Rolle nicht gerecht geworden: Ihre Aufgabe wäre es gerade, jene Öffentlichkeit herzustellen, in der die politische Willensbildung der Bürger im Widerstreit der unterschiedlichsten Positionen und Argumente stattfinden und korrigierend auf Volksvertreter und Exekutive einwirken kann.

Die Kommunikation zwischen Bürgern und Politik ist vielmehr zutiefst gestört, bis zur Sprachlosigkeit und offenen Anfeindung. In grundlegenden Fragen breiten sich regelrechte politisch-mediale „Meinungskartelle" mit Absolutheitsanspruch aus: Der Euro und die immer engere politische Integration der EU seien nicht hinterfragbare Errungenschaften, die allein den Frieden sicherten; Einwanderung sei als Wert an sich zu begrüßen und die Aufnahme von unterschiedslos als „Flüchtlinge" etikettierten Migranten eine humanitäre Pflicht; der Klimawandel sei menschengemacht und die Aufgabe fossiler Energieträger und der Stromgewinnung aus Nukleartechnik daher eine zwingende Notwendigkeit.

Was von dieser dogmatischen und einseitigen Sicht der Dinge abweicht, wird vom politischen und medialen Mainstream nicht mehr als widersprechendes, aber grundsätzlich diskussionswürdiges Argument wahrgenommen, sondern als Ketzerei und Abfall von der rechten Lehre. Der Wettstreit unterschiedlicher Argumente, mit denen man sich im Ringen um den besten Weg und die vorteilhafteste Lösung im Sinne und Interesse des Gemeinwesens auseinanderzusetzen hätte, ist gestört und über weite Strecken außer Kraft gesetzt. Wer nicht im Chor der Guten und Wohlmeinenden mitsingt, dem drohen Ächtung und soziale Isolation, wenn Emotion und Eiferertum an die Stelle von Vernunft und Argument treten und aus dem Diskurs ein Bekenntnisritual wird. Ein in der Demokratie notwendiger Meinungspluralismus sieht anders aus.

Wer die Welt anders wahrnimmt, sei es aufgrund seiner persönlichen Lebensumstände und Erfahrungen, die vom schönen Schein der ideologischen Wunschwelt abweichen, oder aufgrund seiner fachlichen Expertise, die ihn zu gegenläufigen Schlussfolgerungen kommen lässt, der sieht sich nicht nur aus diesem rituellen Diskurs ausgegrenzt: Er wird auch gesellschaftlich an den Rand gedrängt, lächerlich gemacht, pathologisiert oder gar kriminalisiert. Mit dem „Klimaleugner", dem „Anti-Europäer", dem „Rassisten" und „Nazi" muss man nicht mehr reden, der wird einfach disqualifiziert. Seine Argumente und Einwände nehmen die Inhaber der Diskurshoheit nicht für ernsthaft und gleichwertig. Wer von ihrer Linie abweicht, muss irrational, unaufgeklärt oder verführt und verhetzt sein. Sie werden als „Sorgen“ und „Ängste“ abgetan; bisweilen lässt man sich allenfalls herab, diese „ernst nehmen“ zu wollen, meint damit aber doch nur, den Abweichler mit Belehrungen und Zurechtweisungen von oben herab doch noch davon abzubringen.

Es trifft nicht nur die prominenten Exponenten, die sich weit aus dem Fenster lehnen, Leute wie Thilo Sarrazin oder Uwe Tellkamp. Wer eben noch geachtetes, unauffälliges Mitglied des *juste milieu* war, Flüchtlingshelfer vielleicht, Lehrer oder Journalist, steht auf einmal allein da, wenn der Kontakt mit der Realität ihn an der von seinesgleichen geglaubten schönen Seifenblasenwelt zweifeln lässt. Über Nacht wird er gemieden, nicht mehr eingeladen, Freunde, Bekannte oder Kollegen wenden sich ab. Gestern noch geachteter Staatsbürger, morgen schon geächteter Dissident. Nicht wenige gewöhnen sich an, zwei Meinungen zu haben: eine politisch korrekte für die Öffentlichkeit, eine wahrhaftige für gute Freunde, Vertraute und Verwandte, deren man sich sicher ist und vor denen man ein offenes Wort wagen zu können meint. Man kann es „gelernten DDR-Bürgern“ nicht verdenken, dass sie bei solchen unfreien Verhaltensweisen ein Déjà-vu ihrer eigenen Erfahrungen in einem totalitären Staat empfinden. Sprich nicht über das Asylthema, wenn wir zur Einladung bei den Nachbarn oder zum Elternstammtisch gehen, sag keinem, dass du AfD wählst, das gibt nur Ärger in der Gemeinde oder auf der Arbeit – solche „Scheren im Kopf“ sind die Symptome einer sich abzeichnenden Meinungsdiktatur.

Deutsch sein heißt, eine Sache um ihrer selbst willen zu tun – ein viel zitiertes, am häufigsten Richard Wagner zugeschriebenes Wort. Im positiven Sinne heißt das: beharrlich festhalten am einmal für richtig Erkannten, auch gegen widrigste Umstände. Wo aber Ideologie und Bauchgefühl anstelle von Vernunft und Wissen das Zepter übernehmen, wird daraus verbohrter, uneinsichtiger Fanatismus, der an dem einmal eingeschlagenen Irrweg bis zur Selbstzerstörung festhält.

Auch das hat leidvolle Tradition in der deutschen Vergangenheit und die Erinnerung daran ist bei unseren Nachbarn und Partnern in Europa durchaus noch lebendig. So groß die ehrliche Bewunderung oder der nagende Neid gegenüber der Effizienz, Disziplin und Sorgfalt, gegenüber Organisationsvermögen, Perfektionismus und Durchhaltekraft, die Deutsche im Wirtschafts- und Privatleben an den Tag legen und die aus der Mittelmacht in Mittellage immer noch eine ökonomische Großmacht machen, so tief das Misstrauen, wenn die Deutschen wieder einmal übertreiben und sich als besserwisserische Moralgroßmacht aufspielen, an deren Wesen wieder einmal die Welt genesen soll.

Deutschland verhalte sich wie ein „Hippie-Staat, der nur von Gefühlen geleitet wird", monierte der britische Politikwissenschaftler Anthony Glees im September 2015, wenige Tage nach der Entscheidung der Kanzlerin, die bisher geltenden Regeln außer Kraft zu setzen und die Schleusen für unkontrollierte illegale Asyl-Migration zu öffnen. Das sei den Briten „rätselhaft" und einigermaßen „unsympathisch", denn „wenn Deutschland sich nicht an die Regeln hält, fällt die ganze EU auseinander". Inzwischen wissen wir, dass es maßgeblich dieser deutsche Alleingang war, der die Briten zum Austritt aus der Europäischen Union veranlasst hat und der tiefe Gräben zwischen Deutschland und den EU-Staaten im Osten und Norden aufgerissen hat, die diesen Weg nicht mitgehen wollen. Die gefühlspolitische deutsche Irrfahrt hat freilich schon früher begonnen. Für Deutschlands Nachbarn war schon die „Energiewende" befremdlich, die Vorstellung, ein hochkomplexer Industriestaat könne einfach so aus Atomkraft und fossiler Energiegewinnung zugleich aussteigen und seinen Strombedarf aus Windrädern und Solarparks decken, ohne Rücksicht auf die Belastungen für den gesamteuropäischen Verbund der Stromnetze.

Mit ungläubigem Staunen nimmt der Rest der Welt wahr, wie eine deutsche Regierung mit fanatischem Eifer die Axt des Klimaschutzes an die Wurzel des eigenen Wohlstands, die heimische Autoindustrie, legt, unsinnigen Emissions-Grenzwerten zustimmt und diese noch strikter und zum Nachteil der eigenen Autobauer auslegt als andere europäische Regierungen. Der deutsche Klima-Furor denunziert im Lande gebaute Fahrzeuge, die im Rest der Welt – auch in anderen EU-Staaten – gerne gekauft und anstandslos gefahren werden, mit dem Fluch des Umweltvergifters und Klimaschädlings und belegt sie mit Auflagen und Fahrverboten, die tief in die Freiheits- und Eigentumsrechte der Halter eingreifen.

Die Windfall-Gewinne nimmt man gerne mit – die billigen, in der Heimat verpönten Gebraucht-Diesel, die auf den europäischen Markt gelangen, die Abnahmegebühren für überflüssigen deutschen Wind- und Solarstrom und die Zusatzerlöse aus französischem oder tschechischem Atomstrom, wenn die Sonne nicht scheint und die deutschen Windräder sich nicht drehen. Unheimlich muss das mit zerstörerischer Konsequenz auf die Spitze getriebene Öko-Eiferertum aber doch sein.

Gewiss: Ein weniger organisiertes Land als Deutschland wäre vielleicht schon unter der Mehrfachbelastung von Asylansturm, Energiewende und Euro-Rettung zusammengebrochen. Der Disziplin und dem Organisationstalent der lokalen Verwaltungen und der ehrenamtlichen Helfer, der Netzbetreiber und Energieversorger, der stumm leidenden und klaglos zahlenden Sparer und Steuerzahler ist zu verdanken, dass es dazu nicht gekommen ist. Man fragt sich, wie viel besser und zukunftsfester Deutschland wohl dastünde, hätte man diese Energien und Ressourcen genutzt, um überfällige Reformen und Umbauten in Angriff zu nehmen.

Die Abnutzungserscheinungen sind indes unübersehbar, die Decke ist überall zum Zerreißen gespannt. Auch unsere sonst so zurückhaltenden Schweizer Nachbarn fragen sich angesichts reihenweise scheiternder oder aus dem Ruder laufender Großprojekte besorgt, wohin der „neue Unernst" der ideologischen Traumschlössern nachjagenden Deutschen noch führen soll und wann sie sich wieder auf ihre Tugenden und Stärken besinnen. Der Chefredakteur der *Neuen Zürcher Zeitung* Eric Gujer ist nicht der einzige, der diese

Frage stellt. Vor jedem Reformprogramm steht freilich die nüchterne und ehrliche Bestandsaufnahme der Ursachen für die aktuellen Fehlentwicklungen.

## Das „Zeitalter der Hypermoral"

„Wir leben im Zeitalter der Hypermoral", konstatiert der Philosoph Alexander Grau in einem kleinen Traktat über die „neue Lust an der Empörung". Moral ist nicht mehr Ausdruck eines übergeordneten, religiösen oder traditionellen Wertesystems, das für alle verbindliche Normen setzt, sondern zum Selbstzweck und Religionsersatz geworden. Moral, die – in den Worten Graus – eine „meinungsbildende Monopolstellung" erobert, wird notwendig autoritär.

Schon Arnold Gehlen, der den Begriff der „Hypermoral" in die Soziologie eingeführt hat, warnte vor der „Freisetzung von Aggression durch die Radikalisierung der Moral". Gehlen sah die Gefahr in der pauschalen und undifferenzierten Übertragung individueller, für den persönlichen Bereich geltender Moralvorstellungen auf den öffentlichen, den staatlichen und den politischen Bereich. Wo das Wohl der gesamten Menschheit der Maßstab sein soll, geht der Kompass für das Konkrete, Tatsächliche verloren. Oder, in den Begriffen Max Webers: Gesinnungsethik triumphiert über Verantwortungsethik. Hypermoral ist letztlich nichts anderes als zur Ideologie erhobene und auf die Spitze getriebene Gesinnungsethik.

Das hat gravierende Folgen. Es vergiftet den Diskurs, wenn Sachfragen nicht mehr nach rationalen Erwägungen, sondern ausschließlich nach moralischen Gesichtspunkten behandelt werden. Unduldsame Moralisierer würden am liebsten jeden in die Ecke der Bösewichter und Gedankenverbrecher stecken und vom Diskurs ausschließen, der Gentechnik, Kernkraft und fossile Energie nicht verdammt oder der „Willkommenskultur" skeptisch gegenübersteht. Aus der Perspektive dieser ideologischen Eiferer, die die Mehrheit bevormunden wollen, sind nicht das Nachdenken und sein Ergebnis gefragt, sondern das Bekenntnis und die moralisch korrekte Haltung. Wer auf der falschen Seite steht, hat nicht einfach eine andere Auffassung, er soll gegenüber dem moralisch Überlegenen das Recht verwirkt haben, sich überhaupt zu äußern.

Das ist keine neue Entwicklung; Arnold Gehlen hat den Prozess der moralischen Überdüngung, der „Moralhypertrophie", schon Ende der 60er-Jahre des vergangenen Jahrhunderts in der geistigen Auseinandersetzung mit der „Achtundsechziger"-Bewegung beschrieben. Der Siegeszug der Hypermoral geht einher mit dem erfolgreichen Marsch durch die Institutionen ebenjener „Achtundsechziger" und ihrer Generationenpartei, der Grünen. Höhepunkt jenes Siegeszugs sind die Merkel-Jahre geworden, die Herrschaft der Kanzlerin also, die bei den Grünen nicht zufällig ihre begeistertsten und ergebensten Anhänger hat.

„Deutschland verwandelt sich in eine Tugend-Republik", stellte der an der Humboldt-Universität lehrende Historiker Jörg Baberowski auf dem Gipfel der Asylkrise fest. Wer die Migrationspolitik von Angela Merkel zu kritisieren wage, werde herzlos genannt und von der Debatte ausgeschlossen. Das ist gefährlich: An die Stelle des nüchtern wägenden Politikers und Staatsmanns tritt der Gesinnungsverkünder mit der Gratismoral, in den Medien verdrängt der Haltungsjournalist den kritisch nachfragenden Rechercheur. Hypermoral macht politische und mediale Diskurse zu eintönigen Bekenntnisveranstaltungen, in denen hysterische Aufregung ausbricht, wenn es jemand wagt, Fakten zu benennen, die nicht in das schön zurechtgelegte Moraltableau passen.

Um kein Missverständnis aufkommen zu lassen: Natürlich ist der persönliche moralische Kompass für jeden Politiker, für jeden Entscheider unerlässlich. Er hat stets die Folgen seines Handelns abzuwägen, unterschiedliche Moralvorstellungen und Interessen gegeneinander abzuwägen, das Machbare vom Unrealistischen und potenziell Verderblichen zu scheiden. Wo aber die Moral absolut gesetzt wird und die Hypermoral zur ausgrenzenden Herrschaftsideologie eines geschlossenen Milieus wird, das sich von der Realität abschottet, verrät sie das Erbe der Aufklärung. Dann wird sie zum Repressionsinstrument, das den konstruktiven Streit unmöglich macht und die Freiheit und Eigenverantwortung der Bürger beseitigt, zu sagen und zu entscheiden, was sie anstreben und was sie ablehnen. Oder, mit dem Pathos Arnold Gehlens: „Teuflisch ist, wer das Reich der Lüge aufrichtet und andere Menschen zwingt, in ihm zu leben."

## Politische Romantik und grüne Ideologie

Man kann nicht über die Herrschaft der Hypermoral sprechen, ohne sich mit dem dominanten Einfluss grüner Ideologie auf den politischen Diskurs der Bundesrepublik Deutschland zu beschäftigen. Wohl keiner politischen Bewegung der Nachkriegszeit ist es gelungen, mit moralisch aufgeladenen emotionalen Themen eine vergleichbar hegemoniale Stellung zu erobern, die weit über ihren in Wahlergebnissen ausgedrückten realen Anteil an direkter Zustimmung in der Wählerschaft hinausgeht. „Grüne" Themen bestimmen die politische Agenda praktisch aller etablierten Altparteien in der deutschen politischen Landschaft, von der extremen Linken bis zur Merkel-Union, die mit der Bundeskanzlerin zugleich den wichtigsten Vollstrecker grüner Politik stellt. Die erbitterte, mitunter von unkontrollierten Wutausbrüchen begleitete Ablehnung, mit der mehr oder weniger prominente Grüne innerhalb wie außerhalb des Bundestags auf Personal und Positionen der Alternative für Deutschland zu reagieren pflegen, hat viel damit zu tun, dass mit der AfD erstmals seit Langem wieder ein Akteur die politische Bühne betreten hat, der sich dem hegemonialen Deutungsanspruch grüner Ideologie nicht unterwirft, sondern ihm mit rationalen Argumenten und Fakten entgegentritt und sich ihren moralisierenden Anwandlungen widersetzt.

Mit dem Anspruch, Umwelt und Natur schützen zu wollen, den viele irrtümlich immer noch für Kern und Hauptanliegen grüner

Politik halten, haben die Grünen die Deutschen an einem besonders sensiblen Nerv ihres Nationalcharakters gepackt. Die Sehnsucht nach einer Rückkehr zur reinen, unverbrauchten Natur, die schwärmerische Verklärung des Waldes und des Aufenthalts im Freien und Grünen ist spätestens seit der Romantik ein durchgehendes Motiv in der nationalen Befindlichkeit der Deutschen. Bis in unsere Tage spielen radikallinke „Aktivisten" mit dieser Gestimmtheit und sammeln Sympathiepunkte, wenn sich im Stuttgarter Schlossgarten Gegner des Bahnhofsprojekts „Stuttgart 21" an zur Fällung bestimmte Parkbäume ketten oder militante Linke sich mit gar nicht romantischer brutaler Gewalt im Hambacher Forst der Rodung eines Waldstücks widersetzen.

Vor allem in Zeiten äußerer politischer Ohnmacht hatte der Rückzug in die Natursuche Konjunktur. Das war so in der Entstehungszeit der Romantik um das Jahr 1800, als Deutschland zersplittert und von der napoleonischen Herrschaft fremdbestimmt war. Und die Lage war vergleichbar in den 1970er-Jahren, als das geteilte Deutschland Spielball und potenzielles Gefechtsfeld der Konfrontation der Supermächte war und gleichzeitig im Osten und Westen des Landes die gegen Kernkraft und Nuklearwaffen gerichtete Anti-Atom-Bewegung aufkam, wie der Rostocker Technikwissenschaftler Andreas Möller in seinem Buch über die grüne „Ersatzreligion" nachzeichnet. Die deutsche Umweltbewegung, schreibt Möller, „nahm die Energie des Jahres 1968, verband sie mit bürgerlichen Attributen und glaubhaften Problemen der Industrialisierung und Aufrüstung vor Ort" und schuf so eine grüne „Konsensformel" für viele, die als „grünes Gewissen" nach der Wiedervereinigung an die Stelle anderer Nationalmythen treten konnte.

Wo neue Religionen geschaffen werden, um das Bedürfnis nach Sinnstiftung in einer säkularen Welt zu befriedigen, sind auch neue Priester und Päpste nicht mehr weit. Das macht die Verbindung von linker, sozialistischer Weltanschauung und Ökologie so erfolgreich. Die hohe Affinität von „Intellektuellen", Leuten also, die sich bevorzugt mit der Herstellung und Vermittlung von Ideen beschäftigen und nicht mit den Sachzwängen von Produktion und Wirklichkeitsbewältigung, zum Sozialismus und zu linken Ideologien hat bereits Friedrich August von Hayek beschrieben. Zu dieser Kaste zählt Hayek Journalisten und Lehrer, Kirchenleute und Hochschulpädagogen, Schriftsteller und Moderatoren, Künstler und Schauspieler, kurz, ebenjene Milieus, in denen sich Linke bevorzugt bewegen.

Die „Priesterherrschaft der Intellektuellen", die schon der konservative Soziologe Helmut Schelsky analysiert hatte, ist heute grün angestrichen. Die Ökologie als Religion präsentiert sich in immer neuen Erscheinungsformen als Erlösungsversprechen, das nicht hinterfragt werden und für das kein Opfer zu groß sein soll – sei es im Namen des „Klimaschutzes" oder als Atomausstieg und „Energiewende".

Von der Heilslehre zum Zwang zu ihrer Durchsetzung ist es nur ein kurzer Schritt. Die „Öko-Diktatur", die der Ökonom Carl Christian von Weizsäcker aufziehen sieht, hat viele Gesichter und wir bekommen sie täglich zu spüren. Vorschriften und Verbote, Strafsteuern und Zwangsabgaben schikanieren Bürger und Unternehmen an allen Ecken und Enden, immer natürlich im Namen der guten Sache. Wir riskieren unsere sichere und zuverlässige Energieversorgung im Namen der „Energiewende", zahlen überhöhte Preise für Strom und Sprit, Immobilien und Autos, die immer strengere Auflagen erfüllen sollen, wir vertreiben energieintensive und als „schmutzig" denunzierte Industrie aus dem Land und führen sogar Krieg gegen das produktive Rückgrat unseres Landes, die Automobilindustrie. Eine nicht nur in „Intellektuellen"-Kreisen verbreitete Unkenntnis wirtschaftlicher Zusammenhänge begünstigt die erstaunlich klaglose Hinnahme von derart massiven Eingriffen in die Freiheits- und Eigentumsrechte von Bürgern und Gewerbetreibenden.

Funktioniert die Theorie nicht, hat sie gar negative Auswirkungen in der Realität, sodass sie bestehende Probleme sogar noch verstärkt, ficht das den Linken, den „Intellektuellen", nicht an: Passt die Wirklichkeit nicht zur Theorie, „umso schlimmer für die Wirklichkeit", sagt er dann mit Hegel, dem Urvater aller Linken.

Wie weit Selbstermächtigung und Machbarkeitswahn bereits reichen, lässt sich an Hans Joachim Schellnhuber studieren, Chef des 1991 von ihm mitbegründeten Potsdam-Instituts für Klimafolgenforschung (PIK) und seit einem Jahrzehnt Berater von Kanzlerin und EU-Kommission in Sachen „Klimapolitik". Der sehnt, weil es ihm mit der Abschaffung der auf fossile Brennstoffe gestützten Industrie nicht schnell genug geht, eine „Weltregierung" aus Experten – gemeint wohl: seinesgleichen – herbei, die das erzwingt.

Die Grünen als Generationenprojekt der „Achtundsechziger" und Sammelpartei der unterschiedlichsten linken Gesellschaftsveränderer- und Weltverbesserer-Strömungen bedienen diese Mentalität perfekt.

Konservative und Freiheitliche akzeptieren die menschliche Natur in ihrer Vielgestaltigkeit und ihrem Bedürfnis nach ordnenden Institutionen, Linke wollen die Realität ihren ideologischen Vorstellungen unterwerfen, um sie zu „verbessern". Nicht von ungefähr zieht es Linksintellektuelle daher in Berufe, in denen man anderen etwas erklären und vorschreiben kann: Journalismus, Lehrberufe, den akademischen Betrieb. Und kaum zufällig sind Anhänger grüner, linker und sozialistischer Ideen gerade in diesen Berufen bevorzugt anzutreffen. Das ist die Grundlage der grünlinken Meinungshegemonie, die in den vergangenen Jahrzehnten zu immer erdrückenderer Dominanz aufgestiegen ist. Für den weiteren Ausbau der „zivilgesellschaftlichen" Verstärker dieser Strukturen ist im Zweifelsfall immer Steuergeld da, für das der wertschöpfende Teil der Gesellschaft aufkommen muss.

Auf dem Trittbrett der ökologischen Zivilreligion ist dabei eine Vielzahl linksideologischer Vorstellungen von der exotischen Randgruppenexistenz in linken Intellektuellenzirkeln auf die politisch-gesellschaftliche Tagesordnung gelangt, von der „Gender Mainstreaming"-Ideologie, die das biologische Geschlecht infrage stellt und zum veränderbaren „sozialen Konstrukt" erklärt, bis zum Multikulturalismus und „Antifaschismus", von der Einheitsschule bis zur Kinder-Frühsexualisierung.

Wer heute als Berufsanfänger von der Universität kommt, ist nicht selten seit Vorschultagen zwei Jahrzehnte mit linksgrünen Ideen und Forderungen imprägniert worden. Heraus kommt, als verordnetes neues Menschenbild, der „Toleranzler“, wie der in Berlin lebende Schweizer Schriftsteller Thomas Hürlimann spottet: „Dieses Wesen ist areligiös, antifaschistisch, antikapitalistisch, ökofixiert, sozialistisch, homophil, feministisch, raucherfeindlich, ausländerfreundlich, multikulturell, aber der eigenen Kultur, der eigenen Geschichte gegenüber sterilisiert.“

In diesen Strukturen, die den Prozess der demokratischen Willensbildung überlagern und einseitig dominieren, und in der Intoleranz der „Toleranzler“, die jeden zum Paria erklären und aus ihrer Gemeinde ausstoßen möchten, der den Sprachregelungen der von Baberowski so bezeichneten „Tugendpartei“ widerspricht, liegt eine potenziell totalitäre Bedrohung für die demokratisch verfasste Republik. Ein parteipolitisches Gegengewicht zur grünlinken Einheitspartei, das Zurückholen der Entscheidungsfindung in Parlamente und Volksentscheide und, vor allem, mehr Rationalität und Aufklärung sind das beste Gegenmittel. Haben wir den Mut, uns wieder des eigenen Verstandes zu bedienen.

## Der „antifaschistische“ Totalitarismus

Der „antitotalitäre Konsens“ war eine der tragenden Säulen der alten Bundesrepublik. Die deutsche Nachkriegsdemokratie ist mit dieser ungeschriebenen Grundvereinbarung jahrzehntelang recht gut gefahren. „Antitotalitarismus“ bedeutet: Der demokratische Staat, aus der Erfahrung des Untergangs der Weimarer Republik als „wehrhafte Demokratie“ mit entsprechenden Abwehrinstrumenten ausgestattet, geht gleichermaßen gegen extremistische Ideologien von links wie von rechts vor, die in letzter Konsequenz die Abschaffung des Rechts- und Verfassungsstaats und die Errichtung einer totalitären Diktatur anstreben.

Auf die Bonner Republik übertragen hieß das: Weder den Wiedergängern der nationalsozialistischen Herrschaft des Verbrechens noch ihren international-sozialistischen Cousins im Geiste, die sich eine Ausdehnung der kommunistischen Diktatur auf ganz Deutschland auf die roten Fahnen geschrieben hatten, sollten die Möglichkeit bekommen, die noch junge demokratische Republik wieder aus den Angeln zu heben. Das war demokratischer Konsens über die Lager hinweg. Für Kurt Schumacher, den hochangesehenen Vorsitzenden der Nachkriegs-SPD und wortgewaltigen Gegenspieler des christdemokratischen ersten Bundeskanzlers Konrad Adenauer, stand ebenso wie für diesen fest: Kommunisten sind „rotlackierte Faschisten". Die Verbote der neo-nationalsozialistischen „Sozialistischen Reichspartei" (SRP) und der Kommunistischen Partei Deutschlands (KPD), bis heute übrigens die einzigen erfolgreichen Parteiverbote in der Geschichte der Bundesrepublik, bekräftigten in den 50er-Jahren diesen Konsens.

Der antitotalitäre Konsens verlieh der jungen deutschen Nachkriegsdemokratie Stabilität, zumal die im Zuge ihrer Festigung zu politischen „Marktführern" aufgestiegenen Volksparteien, Union und Sozialdemokratie, mit ihren unterschiedlichen Flügeln und Strömungen ein breites, pluralistisches Meinungsspektrum abbildeten. Zwar bleibt es formal ein Eingriff in die Meinungsfreiheit, wenn durch staatlichen Zwang bestimmte Positionen aus dem Diskurs ausgegrenzt werden. Und je stabiler die deutsche Demokratie und je gefestigter der demokratische Konsens, desto berechtigter die Frage, ob die Ächtung von Meinungen durch Gesetzgebung, Rechtsprechung und Verwaltungshandeln tatsächlich noch erforderlich ist oder ob es der Mündigkeit des aufgeklärten Staatsbürgers überlassen werden kann, extremistische Ideologien mit breiter und überzeugender Mehrheit abzulehnen.

Es war aber nicht die Sorge um das hohe Gut der Meinungsfreiheit, das die westdeutsche Linke seit dem Aufkommen der „Achtundsechziger"-Bewegung dazu antrieb, den antitotalitären Grundkonsens beharrlich infrage zu stellen und zu durchlöchern.

Dass Extremisten von rechts und links, die die freiheitlich-demokratische Grundordnung ablehnten, nicht als Lehrer oder Beamte in den Staatsdienst treten sollten, ist zwar eine objektive Einschränkung der Meinungsfreiheit, aber eine nachvollziehbare: Kein Staat kann billigerweise gezwungen werden, seine Feinde auch noch aus öffentlichen Mitteln zu alimentieren.

Die Kampagne, die die Linke gegen antitotalitäre Instrumente wie den „Radikalenerlass" unter dem Schlagwort des Vorgehens gegen „Berufsverbote" führte, galt aber nicht der Freiheit, sondern zielte auf den antitotalitären Konsens selbst, der als gravierendes Hindernis für den angestrebten „Marsch durch die Institutionen" angesehen wurde. Es geht dabei um die Eroberung der gesellschaftlichen Macht im Sinne der Theorie, die der italienische Marxist Antonio Gramsci in den 20er-Jahren des 20. Jahrhunderts aufstellte. Nach Gramsci muss die Erringung der „kulturellen Hegemonie", also der Diskurshoheit über die Gesellschaft und die Definition und Deutung der darin benutzten Begriffe, der politischen Machtübernahme vorangehen.

Der heuchlerische Charakter des linken Widerstands gegen den antitotalitären Konsens ist schon daran erkennbar, dass radikale Linke heute, nachdem sie erfolgreich durch die Institutionen marschiert sind, bedenkenlos „Berufsverbote", gegen die sie einst selbst aufbegehrt hatten, für ihre politischen Gegner fordern. Nicht nur für ausgewiesene Extremisten, sondern für jeden potenziell Andersdenkenden und Nicht-Linken; und nicht nur auf den Staatsdienst beschränkt, sondern potenziell gegen die gesamte gesellschaftliche Existenz des Gegners gerichtet. Im Extremfall soll jemand, der Gender und Multikulturalismus skeptisch sieht und am Sinn offener Grenzen zweifelt, wer gar AfD wählt oder in dieser Partei ein Amt oder Mandat bekleidet, der soll in dieser Logik am besten nirgends mehr etwas werden und nicht mal mehr ehrenamtlicher Fußballtrainer oder Opferbetreuer sein oder Brötchen ausfahren dürfen.

Was die alten und neuen Sozialisten am Konzept des Antitotalitarismus stört, liegt auf der Hand. Der „antitotalitäre Konsens" der alten Bundesrepublik war im Kern ein antisozialistischer – er entsprang der Überzeugung, aus demokratischem und republikanischem Geist jede totalitäre Ideologie, die nationalen und internationalen Spielarten des Sozialismus eingeschlossen, entschieden abzulehnen. Der Fall der Mauer, die deutsche Wiedervereinigung und der Untergang der „DDR" und des gesamten Sowjetimperiums waren für die Linke im Westen wie im Osten Deutschlands bittere historische Niederlagen. Was nicht heißt, dass die alten und neuen Sozialisten resigniert und ihren Irrtum eingesehen hätten. Weil Linke ihre Ideologie über die Wirklichkeit stellen, die sie sich unterwerfen wollen, lassen sie sich von keinem historischen Scheitern und auch nicht von mehr als hundert Millionen Toten des real existierenden Sozialismus überzeugen. Stattdessen suchten sie sich ein neues Vehikel, um den Kampf gegen den antitotalitären Konsens und um die kulturelle Hegemonie fortzusetzen.

Aus diesem Grunde verlegte sich die vereinigte Linke, als „letztes Aufgebot aus dem Arsenal linker Ideologien", auf den „Antifaschismus", den der Staatsrechtler Josef Isensee als „Ideologie zur Delegitimation der bürgerlichen Mitte" definiert hat. Im „Antifaschismus" fanden dogmatische West-Linke und die als Diktaturpartei gescheiterte Ost-Linke ihren gemeinsamen Nenner. Die „Achtundsechziger" und ihre Erben gründeten ihren Anspruch auf den Mythos, erst sie hätten die bundesrepublikanische Gesellschaft zur kritischen Auseinandersetzung mit der nationalsozialistischen Vergangenheit genötigt. Rückschauend wissen wir heute, dass es in der Realität bei der Anprangerung der Vätergeneration als „Tätergeneration" nur zu oft darum ging, nach ihrer Verdrängung die frei werdenden Plätze schneller selbst einnehmen zu können. Die SED, die sich nacheinander in „PDS", „Linkspartei" und „Linke" umbenannte, hatte ihre Diktatur mit der Fiktion legitimiert, der glatte Gegenentwurf zum „Faschismus" zu sein, während die Bundesrepublik nur eine getarnte Fortsetzung des alten NS-Staats sei. Das wurde damals schon getreulich nachgeplappert von „Achtundsechziger"-Ideologen und den unzähligen, nicht selten von der SED heimlich finanzierten westkommunistischen Gruppen und Grüppchen, den sogenannten „K-Gruppen".

Die Selbstbezeichnung als „Antifa", also „Antifaschisten", ist entlarvend. Denn natürlich ist der linke „Faschismus"-Begriff keine objektive Tatsachenbezeichnung. Dann müsste er eine italienische autoritäre Bewegung des 20. Jahrhunderts mit Nachahmern in ganz Europa meinen – sinnlos in der tagespolitischen Auseinandersetzung in unserem, dem 21. Jahrhundert. Vielmehr verwendet die versammelte Linke die Totschlagvokabel „Faschismus" bis heute im stalinistischen Sinn: Wer der gerade von der obersten Führung ausgegebenen ideologischen Linie nicht folgt, ist ein „Faschist", egal ob Trotzkisten oder Sozialdemokraten oder Nationalsozialisten. Stalins Weisung, die deutschen Nationalsozialisten nur noch als „Faschisten" zu titulieren, war ein Ablenkungsmanöver, das die von Roland Baader ausgemachte „ideologische Zwillingsbrüderschaft zwischen dem roten Sowjetsozialismus und dem braunen Nationalsozialismus" verschleiern sollte. Die NS-Herrschaft nannte sich nicht nur „sozialistisch", sie war es auch: Sie schöpfte aus den gleichen trüben ideologischen Quellen des Kollektivismus, der Staatsvergottung, der Verachtung von Freiheit und Würde des Individuums. Ihr Ideologiegebräu, jene „hochdestruktive Mischung aus Sozialismus, Nationalismus und Rassismus" als „Faschismus" abzutun, ist, in den Worten Roland Baaders, im Grunde eine sträfliche Verharmlosung ihres Vernichtungspotenzials.

Um Lehren aus der Vergangenheit geht es aber auch nicht beim „Kampf gegen rechts", der seit mehr als einem Vierteljahrhundert das politische Klima in der wiedervereinigten deutschen Republik prägt und vergiftet. Es geht um den totalen Machtanspruch einer marxistischen Linken. Deren Kennzeichen ist, dass sie nicht einfach nur eine Strömung in einer pluralistischen Gesellschaft sein will, sondern die ganze gesellschaftliche Macht anstrebt. Ihre Ideologie ist deshalb eine Ideologie des permanenten geistigen Bürgerkriegs und der Ausgrenzung.

Seit seiner Erfindung hat sich der Marxismus zum Ziel gesetzt, die bestehenden Verhältnisse und die bürgerliche Gesellschaft und Kultur zu überwinden, damit eine neue, vermeintlich bessere Zeit anbrechen könne. Im Visier steht dabei nicht zuletzt die bürgerliche Familie, die schon Marx selbst als Haupthindernis für seine gesellschaftliche Utopie ausgemacht hat. Es geht um nichts Geringeres als die Schaffung des „neuen Menschen", die Umerziehung der Menschheit nach einer ideologischen Blaupause.

Stichwortgeber und Ideologielieferant der „Achtundsechziger" wurde die „Frankfurter Schule" und ihr auf Gramsci aufbauender marxistischer Kulturbegriff. Kultur wird in diesem Sinne nicht als Summe menschlichen Schaffens und Gestaltens verstanden, sondern als politisches Instrument der Machtgewinnung. In Gramscis Gefolge machten sich die Adepten der „Frankfurter Schule" daran, mit einer Mischung aus Freud und Marx in ihrer „Kritischen Theorie" die von ihnen als Feind ausgemachte westlichbürgerliche Kultur zu brechen, um die Grundlage für eine marxistische „Kulturrevolution" zu legen. Diskreditierung der „bürgerlichen" Familie, Früh- und Hypersexualisierung, Genderismus und Multikulturalismus sind Früchte dieses „Kulturmarxismus", der die Politisierung aller Lebensbereiche anstrebt, auch der privatesten.

Eine weitere Spielart des Kulturmarxismus sind Polit-„Künstler", die sich aktivistisch in das Tagesgeschehen einmischen – sei es, um bürgerschaftlichem Aufbegehren flammende Appelle und Konzerte „gegen rechts" entgegenzusetzen, sei es, um Massenaufrufe und „offene Briefe" zu verfassen – gegen die Besetzung parlamentarischer Funktionen mit einem AfD-Politiker zum Beispiel oder für die totale Kaltstellung eines Verfassungsschutzpräsidenten, der der regierungsamtlichen Einwanderungspolitik widersprochen hat, samt dem dienstlich vorgesetzten Innenminister. Dass in diesem Zusammenhang wieder, wie zu NS- oder „DDR"-Zeiten, der kollektivistische Begriff „Kulturschaffende" auftaucht, ist wohl mehr als nur ein zufälliges äußerliches Zusammentreffen.

Mit dem Import der Ideologie des Multikulturalismus Ende der 70er-Jahre des letzten Jahrhunderts hatte die westdeutsche Linke gewissermaßen zwei Fliegen mit einer Klappe geschlagen. Der Einwanderer als neuer Inbegriff des Erniedrigten und Beleidigten, in dessen Namen sich gegen die bestehenden Verhältnisse kämpfen ließ, bot willkommenen ideologischen Ersatz als „revolutionäre Masse" für das „Proletariat", das in der prosperierenden Mittelstandsgesellschaft praktisch abhandengekommen war. Die Vordenker des Multikulturalismus hofften, mit der Veränderung der Wohnbevölkerung auch die bürgerliche Gesellschaft und ihren Wertekonsens ein für allemal aufzubrechen.

Nach dem Rückschlag durch Wiedervereinigung und Asylkompromiss, mit dem die Volksparteien die Wogen der ersten Asylkrise 1992/1993 noch einmal zu glätten verstanden, lieferten lokale Übergriffe auf Ausländer in jenen Jahren den Anlass zum Frontalangriff im Kampf um die kulturelle Hegemonie. Von den „Lichterketten" Anfang der Neunziger über den vom rot-grünen Kanzler Gerhard Schröder im Jahr 2000 ausgerufenen „Aufstand der Anständigen" bis zu den „Antirassismus"-Kampagnen unserer Tage wurde der „Kampf gegen rechts" zum Erfolgsmodell, dem sich im hypermoralisch aufgeheizten Klima kaum ein Akteur in Politik und Medien zu entziehen wagte.

Roland Baader bringt es in seiner Streitschrift „Totgedacht. Warum Intellektuelle unsere Welt zerstören" auf den Punkt: Der „Kampf gegen rechts" richtet sich „in Wahrheit gegen die bürgerliche, westliche, kapitalistische, zivilisierte, abendländische Welt – kurz: gegen die nichtsozialistische Welt". Er zielt nicht auf die extremen Ränder, sondern auf die bürgerliche Mitte. Durch das Auftreten als Kampf „gegen rechts" und „gegen Rassismus" hat der „Antifaschismus" weit über den ideologischen Kern der sozialistischen Linken hinaus Einfluss und Deutungsmacht gewonnen. Die Umdeutung von zentralen Begriffen wie Demokratie, Rechtsstaat, Gerechtigkeit zu linken Kampfbegriffen hat orwellsche Dimensionen erreicht. Noch „erfolgreicher", meint Baader, „als der Marsch durch die Institutionen war der Marsch durch die Definitionen".

Ohne nennenswerten Widerstand der „bürgerlichen" Parteien Union und FDP entstand unter dem Etikett „gegen rechts" ein immer dichteres Netzwerk von „zivilgesellschaftlichen" Vereinen, Einrichtungen, Lobbyverbänden und Kampforganisationen. Diese vermögen nicht nur eine Vielzahl aufrichtiger und uneigennütziger Idealisten zu mobilisieren, sie bieten dank Staatsfinanzierung auch vielfältige Karrieremöglichkeiten für Ideologen des Multikulturalismus, Mitläufer und Profiteure und dienen damit indirekt auch grün-linker Klientelpolitik. Die wird gespeist durch einen von Jahr zu Jahr kräftiger fließenden Steuergeldsegen für den „Kampf gegen rechts". Auch die Etablierung und Institutionalisierung radikallinker und linksextremer Strukturen profitiert davon. Der zaghafte Versuch der seinerzeitigen CDU-Familienministerin Kristina Schröder, über einen „Extremismusparagrafen" wenigstens ausgewiesene linke Verfassungsfeinde von der Finanzierung auszuschließen, war unter dem Druck der linken Lobby von der SPD-Nachfolgerin Manuela Schwesig schnell wieder beiseitegewischt. Inzwischen finden auch Politiker der etablierten Parteien kaum noch etwas dabei, wenn sie bei rituellen Kundgebungen und Staatsdemonstrationen in „breiten Bündnissen" neben linksextremen Kadern stehen.

Abgesichert wird die dadurch erreichte kulturelle Hegemonie der Linken, die zivilgesellschaftliche Institutionen, Medien, das Bildungs- und Hochschulwesen nahezu flächendeckend erfasst hat, wie der Berliner Historiker Jörg Baberowski feststellte, durch das Drohpotenzial der „politischen Korrektheit". Die wiederum geht auf den „Frankfurter Schule"-Ideologen und Gramsci-Jünger Herbert Marcuse und die von ihm geforderte „repressive Toleranz" zurück. Die eigene Ideologie wird moralisch überhöht und zur einzig wahren und erlaubten erhoben. Wer zum „Feind der Toleranz" erklärt wird, weil er gegen die hegemonialen Sprachregelungen verstößt, soll zur Unperson gemacht und aus dem zugelassenen Diskurs ausgeschlossen werden. Mit gutem Grund nennt Roland Baader die „politische Korrektheit" daher „die moderne nachmarxistische Form des Gleichheitskults".

Die Verdrängung des „antitotalitären" durch einen „antifaschistischen" Grundkonsens zerstört in der Konsequenz nicht nur die pluralistische Demokratie, wie sie im Grundgesetz festgeschrieben ist. Der „Antifaschismus" ist selbst eine totalitäre Gesinnung, da er anderen Meinungen die Existenzberechtigung abspricht. Und wo die Hypermoral zur letzten politischen Instanz wird, bleibt auch das ausbalancierte Regelwerk der Verfassung auf der Strecke. Die von Innenpolitikern der Grünen zwischenzeitlich geforderte „Neugründung" des Verfassungsschutzes als Kampfinstrument „gegen rechts" ist der folgerichtige nächste Schritt in die Gesinnungsdiktatur.

Einmal davon abgesehen, dass es eine groteske Verharmlosung und Relativierung der brutalen Diktaturen und Ideologien früherer Zeiten darstellt, Andersdenkende und politische Gegner pauschal und reflexhaft als „Nazis" zu diffamieren: Wer andere zu „Faschisten" und sich selbst zum „Antifaschisten" stilisiert, der gebraucht totalitäre Sprache und gibt sich dadurch selbst als Anhänger totalitären Denkens zu erkennen. Das vergiftet das politische Klima und zerstört die Freiheit. Verwahrlosung von Sprache und öffentlichem Umgang sind die notwendige Folge. Schlägertruppen fürs Grobe fühlen sich ermutigt, das Verdikt mit verbaler, physischer und psychischer Gewalt zu exekutieren. Wer der linken Hypermoral im Wege steht – AfD-Politiker, Lebensschützer, nonkonforme Publizisten, aber auch kritische Köpfe in den etablierten Parteien –, bekommt dies durch linken Alltagsterror oft genug am eigenen Leibe zu spüren. Die öffentliche Erregung darüber hält sich in engen Grenzen.

Der ungleiche Blick auf linken und rechten Extremismus, das fortgesetzte Ignorieren und Verharmlosen linker Gewalt bei gleichzeitiger Kriminalisierung nicht-linker Meinungen hat den antitotalitären Grundkonsens systematisch durchlöchert. Die linken Parteien haben ihn schon lange aufgekündigt. Angela Marquardt, früher Kommunistin, jetzt enge Mitarbeiterin von SPD-Chefin Andrea Nahles, spricht im offiziellen Parteiorgan *Vorwärts* nur offen aus, was auch in der einstigen Volkspartei SPD schon länger zu gelten scheint: „Im Kampf gegen rechts braucht die SPD auch die Antifa." Die Kampagne, die letztlich zur Ablösung von Verfassungsschutzpräsident Hans-Georg Maaßen führte, war auf diesem Weg eine entscheidende Wegmarke: Für Kanzlerin, SPD und einen Großteil der Medien besaß die aus linksextremer Antifa-Quelle lancierte Behauptung, in Chemnitz sei es zu „Hetzjagden auf Migranten" durch einen „rechtsextremen Mob" gekommen, offenbar größere Autorität als die fachliche Einschätzung von Sicherheitsbehörden und Verfassungsschutzchef, die dem widersprachen. Maaßen wurde für seinen Widerspruch gegen diesen „antifaschistischen Konsens" zwar nicht mit existenzieller Vernichtung, aber doch mit nachhaltigem Rufmord bestraft.

Mit der faktischen Freigabe der unkontrollierten Zuwanderung nach Deutschland im Jahr 2015 hat Bundeskanzlerin Angela Merkel vollzogen, worauf der linke Mainstream über Jahrzehnte hingearbeitet hat. Das könnte sich als Pyrrhussieg der kulturmarxistischen Linken erweisen. Denn die real existierenden Probleme, die die multikulturelle Umgestaltung eines demokratischen Nationalstaats mit sich bringt, potenzieren sich dadurch und lassen sich auf Dauer weder durch Meinungsrepression noch durch Hysterisierung berechtigter Kritik aus der Wahrnehmung ausblenden. Auch das Geld der Steuerzahler steht nicht unbegrenzt zur Verfügung, um unausweichliche Verteilungskonflikte zuzukleistern. Die Rückkehr zum demokratischen Pluralismus und zum Antitotalitarismus ist überfällig.

## Sozialismus funktioniert nicht – nie und nirgends

Alle Wege des Sozialismus führen in Mangel und Verarmung, in Unterdrückung und Gewalt. Führte man den Sozialismus in der Sahara ein, würde nach ein paar Jahren der Sand knapp, witzelte noch zu Sowjetzeiten „Radio Eriwan". Wer das für übertrieben hält, schaue einfach nach Venezuela. Jahrelang pries die Kommunistin Sahra Wagenknecht unverdrossen das autoritäre Regime des mittelamerikanischen Landes. Diktator Chávez habe den „Sozialismus im 21. Jahrhundert" verwirklicht und den Beweis erbracht, dass „ein anderes Wirtschaftsmodell möglich" sei. Wieder ein gescheitertes Experiment: In dem Land, das über die weltweit größten Ölreserven verfügt, ist das Benzin notorisch knapp, Venezuela versinkt in Hunger und Armut, die Inflation liegt bei einer Million Prozent, wer etwas kann, flüchtet und versucht sein Glück im Ausland. 2,3 Millionen Menschen sind nach UN-Angaben seit 2014 vor Elend und Repression geflohen. Nach einem aktuellen Bericht von „Amnesty International" hat das Regime seit 2015 mehr als 8.200 Menschen ohne Gerichtsverfahren hinrichten lassen. Zwang und Gewalt sind die unvermeidlichen Begleiter eines jeden sozialistischen Gesellschaftsexperiments.

Das ist keine neue Erkenntnis. Nach hundert Jahren Kommunismus und hundert Millionen Toten, von Stalins Gulag bis zu Pol Pots „Killing Fields", vom Hunger-Genozid in der Ukraine bis zu Maos „Großem Sprung" und „Kulturrevolution", kann das im Grunde jeder wissen. Zumal in Deutschland, das mit der „DDR" bereits ein sozialistisches Experiment auf eigenem Boden durchmachen musste, mit Enteignungen, Kollektivierung und Kommandowirtschaft, willkürlichen Verhaftungen und Hinrichtungen, mit kollektiver Freiheitsberaubung, Mauer, Schießbefehl und Stacheldraht. Jedem Linken sei übrigens eine Reise in den Realkommunismus nach Nordkorea angeraten.

Wer wollte, konnte sich auch schon lange vor Lenins Machtergreifung ausrechnen, wohin die Reise mit dem real existierenden Sozialismus geht. Eugen Richter, der brillante Wortführer der Freisinnigen im kaiserlichen Reichstag des ausgehenden 19. Jahrhunderts, veröffentlichte 1891 seine Streitschrift „Sozialdemokratische Zukunftsbilder"; Frank Schäffler, einer der letzten Freiheitlichen in der ansonsten wenig liberalen FDP, nannte das lange vergessene Werk einmal sein „Lieblingsbuch". Richter malt sich in seiner sarkastischen Zukunftsvision aus, wie ein Staat wohl aussehen würde, der nach den Vorstellungen der soeben verabschiedeten Erfurter Beschlüsse der SPD eingerichtet wäre. Heraus kam eine Dystopie, die der gut ein halbes Jahrhundert später gegründeten „DDR“ bereits erschreckend ähnlich sah. Sämtliche Immobilien und Produktionsmittel werden verstaatlicht, statt Geld gibt es Bezugsscheine. Weil Sparer und Bauern gegen die Beschlagnahme von Sparbüchern und Höfen protestieren, werden Polizei und Militär, eben abgeschafft, gleich wieder eingeführt. Alle müssen arbeiten, Arbeitsstellen und Wohnungen werden staatlich verteilt, Kinder kommen in Kinderpflegeanstalten und Erziehungshäuser, Essen gibt es für alle einheitlich in Staatsküchen. Die Arbeitsmoral sinkt, die Versorgung wird schlechter, gegen die Flucht der Leistungsfähigen in die „freien Länder“ wird ein Auswanderungsverbot erlassen und vom drastisch aufgerüsteten Militär rücksichtslos durchgesetzt – Schießbefehl inklusive. Am Ende versinkt das Experiment in Revolten und Massenstreiks.

Warum ein sozialistisches Wirtschaftssystem mit zentraler Planung und Verteilung von Produktion und Gütern nicht funktionieren kann, hat Friedrich August von Hayek kurz vor dem Zusammenbruch des kommunistischen Blocks in seiner Schrift über die „Irrtümer des Sozialismus“ gültig erklärt: Jede Planwirtschaft scheitert daran, „dass die Gesamtmenge der Mittel, die in solch einem Plan zum Einsatz kommen könnten, einfach von niemandem gewusst werden kann und deshalb schwerlich zentral zu kontrollieren ist“.

Eine weitere grundlegende Fehlannahme sozialistischen Denkens ist, sich die vorhandene Arbeit und den erwirtschafteten Wohlstand als statische Größen vorzustellen, die nur richtig umverteilt werden müssten, um mehr „Gerechtigkeit“ herzustellen. Dieses schlichte Denken ignoriert, dass unternehmerische Freiheit, Marktwirtschaft und Privateigentum erst die Produktivkräfte freisetzen, die Menschen motivieren, Werte zu schaffen und mit dem eigenen auch den allgemeinen Wohlstand anzuheben. Nicht Planwirtschaft und Umverteilung hat Südkorea binnen weniger Jahrzehnte vom Armenhaus zu einer führenden ostasiatischen Industrie- und Wirtschaftsnation mit einer wohlhabenden Mittelschicht gemacht, sondern Markt, Freiheit und Eigentum. Das deutsche „Wirtschaftswunder" nach dem Zweiten Weltkrieg wurde möglich, weil mit der Einführung einer vertrauenswürdigen Währung nach und nach auch Zwangsbewirtschaftung und Mangelverwaltung wegfielen und viele institutionelle Verkrustungen und Gängelungsmechanismen schlicht nicht mehr bestanden.

Der gleichmacherische Ansatz des Sozialismus ist dagegen mit der menschlichen Natur nicht zu vereinbaren. Gleichheit ist nicht Gerechtigkeit. Wer für mehr Anstrengung, Arbeit und Leistung nicht auch mehr Verdienst und Anerkennung erwarten kann, der wird sich weniger und am Ende gar nicht mehr anstrengen. Sozialismus ist im Kern destruktiv, er zehrt von der vorhandenen Substanz und von der Bereitschaft der Menschen, sich ausnutzen zu lassen, auch wenn sie um die Früchte ihrer Arbeit betrogen werden, weil andere sie verteilen. Das ewige Problem der Sozialisten ist, um den viel zitierten Aphorismus Margaret Thatchers zu bemühen, dass ihnen früher oder später „das Geld der anderen Leute ausgeht". Spätestens wenn die langlebigste Substanz verbraucht ist und die übernommenen Immobilien zerfallen, prophezeite Ludwig von Mises bereits in den 30er-Jahren des vergangenen Jahrhunderts, zerfällt auch der Sowjetsozialismus. Die Lebensspanne von Sowjetunion und „DDR" hätte er damit schon damals recht genau vorhergesagt.

Dennoch hat es die Freiheit, wie der Philosoph Norbert Bolz verschiedentlich betont hat, von allen Werten in Deutschland am schwersten. Die Staatsgläubigkeit, die tief verwurzelte Sehnsucht nach „guter Regierung" durch eine fürsorgliche Obrigkeit, der man sich guten Gewissens anvertrauen kann, sitzt tief bei den Deutschen. Das mag mit unserer Geschichte zu tun haben, mit idealisierenden Vorstellungen aus der Romantik, die in einer Zeit von politischer Zersplitterung, von Willkür und Fremdherrschaft entstanden, als man sich in eine verklärte Vergangenheit guter und uneigennütziger Herrscher zurücksehnte, die es so freilich mit Sicherheit nie gegeben hat.

Wo immer ein gesellschaftliches Problem wahrgenommen wird, ist der Ruf nach dem „Staat“ daher nicht weit. Lassen Eltern ihre Kinder verwahrlosen, gilt der erste Vorwurf nicht den Verantwortungslosen, sondern dem „Versagen“ der Behörden, die nicht rechtzeitig eingegriffen hätten, ohne darüber nachzudenken, dass das fürsorgliche „Eingreifen“ des Staates häufig die Gefahr birgt, dass intakte Familien zerrissen werden. Wollen Einwanderer sich nicht an die deutsche Gesellschaft anpassen, wird der Staat in die Pflicht genommen, eben noch mehr Anstrengungen zur „Integration“ zu unternehmen, statt den Einwanderer auf seine Bringschuld hinzuweisen und die Frage zu stellen, ob er in diesem Land überhaupt am richtigen Ort ist, wenn er die ihm gebotene Chance nicht nutzt. Dass Bildungserfolg von der „sozialen Herkunft“ abhängt, wird als Skandal empfunden, obwohl Erziehung nach allen Länderverfassungen Elternrecht ist und damit auch Elternpflicht, sich um Bildung und Ausbildung des Nachwuchses zu kümmern. Die Staatsgläubigkeit liefert dem Einzelnen eine bequeme Ausrede, die Verantwortung für sich und sein Umfeld an der Staatsgarderobe abzuliefern, und dem Staatsapparat einen Vorwand, den Bürgern ihre Rechte und ihre Eigenverantwortung Stück für Stück zu entwinden und an sich zu ziehen. Der fürsorgliche Staat erzieht seine Bürger systematisch zur Unmündigkeit und freiwilligen Abhängigkeit und steigert dadurch seine Macht.

Politiker, aber auch die Bürger selbst, vergessen darüber gleichermaßen nur zu bereitwillig, dass alles, was staatlich finanziert, geregelt und veranlasst wird, mit dem Geld der Bürger selbst bezahlt wird. „Der Staat“ hat kein Geld, es sei denn, er holt es sich zuvor von den Bürgern und Steuerzahlern – entweder sofort als Steuern oder über Staatsschulden, für die künftige Generationen von Bürgern und Steuerzahlern geradestehen müssen. „Wohltaten“, die der Staat verteilt, müssen vorher anderen weggenommen werden. Das setzt einen sparsamen und verantwortlichen Umgang mit den

Staatsfinanzen und die Beschränkung der Staatsausgaben auf die wesentlichen Aufgaben voraus.

Der politische Sprachgebrauch verrät indes eine ganz andere Mentalität. Politiker reden bevorzugt von „sprudelnden Steuereinnahmen", als hätten sie eine unerschöpfliche Quelle im Garten. Sie verfügen über Milliardenetats, als hätten sie selbst mit ihrem Schweiß die Kassen gefüllt und seien daher auch niemandem Rechenschaft über die Verwendung schuldig. „Die Milliarden für die Integration wurden in diesem Land erwirtschaftet und wurden niemandem weggenommen", behauptete der damalige Bundesjustizminister Heiko Maas (SPD) im Oktober 2016. Julia Klöckner von der CDU hatte schon vorher erklärt, nicht der Steuerzahler müsse für die Kosten der Asylkrise aufkommen, da „der Bund gut gewirtschaftet" habe. Als wäre nicht das einzige Gut, das der Staat „bewirtschaftet", der Fleiß seiner Bürger, und als könnte nicht jeder Euro, der dem Steuerzahler weggenommen wurde, nur einmal ausgegeben werden.

Der verinnerlichten Einstellung, als Politiker potenziell für alles zuständig zu sein, entspricht der Unwille, zu viel vom Bürger einbehaltenes Geld an diesen wieder zurückzugeben. Lieber sucht man neue Verwendungszwecke für die beschönigend „Steuermehreinnahmen" genannte überschüssige Beute. Dass Steuersenkungen, gleichviel ob für einzelne Gruppen oder für alle Steuerzahler, im politischen Alltagsdiskurs gern als „Steuergeschenke" bezeichnet werden, ist ein besonders verräterischer Sprachgebrauch: als stünde prinzipiell alles, was an Einkommen erarbeitet wird, zunächst einmal dem Fiskus zur Verteilung und Verwendung zu. Was dem Bürger von seinem sauer verdienten Geld in der eigenen Tasche gelassen wird, ist aus dieser Perspektive ein herrschaftlicher Gnadenerweis. In diesem Sinne sind sämtliche Parteien, die bis 2017 die Sitze im Bundestag unter sich aufgeteilt haben, sozialdemokratische bis sozialistische Parteien in unterschiedlichen Abstufungen und Schattierungen.

Große Stunden hatte die Sozialdemokratie in ihrer langen Geschichte immer dann, wenn sie das Wohl des Gemeinwesens über den mitgeschleppten ideologischen und marxistischen Ballast stellte. Von der ersten bis zur letzten Stunde der Weimarer Republik, von der Ausrufung der Republik und von der entschlossenen Niederschlagung der republikfeindlichen extremistischen Aufstände von links und rechts bis zum mutigen Widerstand gegen die Beseitigung der ersten deutschen Demokratie und das Ermächtigungsgesetz hat sie sich große Verdienste um Deutschland erworben und die positiven Traditionen dieses Landes mitgeprägt. Mit der sozialen Marktwirtschaft hatte die deutsche Nachkriegsdemokratie einen vernünftigen Kompromiss zwischen wirtschaftlicher Freiheit und staatlicher Intervention gefunden, den auch die SPD mit ihrem Godesberger Programm von 1957 mitgetragen hat.

Seither aber hat sich, beschleunigt seit den 70er-Jahren, die Balance unaufhörlich in Richtung Staatsinterventionismus, Ausufern der bürokratischen Apparate und kleinliche Gängelung und Einschränkung der persönlichen wie der unternehmerischen Freiheiten verschoben. Die SPD von heute zeigt immer öfter Züge einer sozialistischen Sekte, in der schlichte antikapitalistische Rhetorik und billiges Schimpfen auf „Spekulanten“ und „Großkonzerne“ so geläufig sind wie in den Kindertagen des Sozialismus im 19. Jahrhundert. Dass der bürgerliche Mittelstand aus Freiberuflern, kleinen Gewerbetreibenden und Familienunternehmen Rückgrat und Motor des wirtschaftlichen Erfolgs und des Wohlstands wird, dass dort erwirtschaftet wird, was für wuchernde Bürokratien, staatsgeförderte Strukturen und Umverteilungsapparate ausgegeben wird, scheint in der SPD der Gewerkschaftsfunktionäre, Kathedersozialisten und Juso-Radikalen kaum noch jemand zu wissen. Dass auch Angestellte und Facharbeiter, einst sozialdemokratische Stammklientel, nach Kapitalerwerb und Immobilieneigentum streben, spielt im Wettlauf mit den grünen und Extremlinken um Erbschafts- und Vermögenssteuer offensichtlich keine Rolle mehr.

Unter Kaskaden staatlicher Eingriffe in Markt und Wirtschaftsgeschehen ist die soziale Marktwirtschaft zum Halb- und Dreiviertelsozialismus geworden. Eine Staatsintervention zieht die nächste nach sich: Überzogene Grenzwerte für die Emissionen von Diesel- und sonstigen Verbrennungsmotoren verteuern Fahrzeuge ohne Zusatznutzen für die Käufer; nachträgliche Verschärfungen der Konditionen führen zu Fahrverboten, erzwungenen Nachrüstungen, die faktischen Enteignungen gleichkommen, die wiederum durch „Umtauschprämien" auf Kosten anderer abgemildert werden sollen. Am Ende droht die ideologisch erzwungene Stilllegung ganzer Technologiezweige und Branchen und eine schleichende Deindustrialisierung, die schon mit dem systematischen Vergraulen von chemischer oder Kraftwerksindustrie beschleunigt wurde.

Dass die Marktwirtschaft in diesem „Würgegriff" noch immer beeindruckende Erfolge erzielt, spricht in den Augen Roland Baaders für ihre beachtliche Effizienz und Widerstandskraft. Gleichwohl ist absehbar, dass auch die nächste Krise, die wie die meisten vorangegangenen – man denke nur an die Euro- und Bankenkrise – vor allem von staatlichen regelwidrigen Markteingriffen verursacht wurde, wieder dem angeblich „entfesselten" Markt und einem „Versagen des Kapitalismus" in die Schuhe geschoben wird.

Anfällig für derart schlichte sozialistische Erklärungsmuster macht eine weitverbreitete Unkenntnis ökonomischer Zusammenhänge. Diese nimmt schon an den Schulen ihren Anfang. Wer in den 70er-, 80er- oder 90er-Jahren des 20. Jahrhunderts ein westdeutsches Gymnasium besuchte, fand sich bereits viel zu oft mit schwammigem Soziologengerede und einer weitverbreiteten modischen Kapitalismus- und Freiheitsfeindlichkeit konfrontiert. Damals schon hatten unsere sozialpädagogisch geprägten Lehrer meist keine Ahnung, aber jede Menge Meinung. Unternehmertum und Marktwirtschaft waren für sie ein rotes Tuch, das permanent negativ dargestellt wurde. In dem Maße, wie grüner und linker Konformismus auch in den Lehrerkollegien immer fester Fuß gefasst hat, ist das seither mit Sicherheit nicht besser geworden.

Der Sozialismus sei ja eine gute Idee, man habe ihn bisher bloß falsch umgesetzt und müsse es nur eben endlich einmal richtig machen: Ideologische Bauernfängerei dieser Kategorie scheint nur schwer überwindbar zu sein, immer wieder fallen Leute auf solche Propaganda herein. Die Wahrheit ist: Sozialismus funktioniert nicht, niemals und nirgends, weil er gegen die Gesetze der Ökonomie und gegen die menschliche Natur zugleich gerichtet ist. Gegen den sozialistischen Aberglauben hilft nur Vernunft, Aufklärung und Bildung darüber, wie Wirtschaft und Finanzen tatsächlich zusammenhängen.

## Flucht aus der Nation

„Vaterlandsliebe fand ich stets zum Kotzen. Ich wusste mit Deutschland nichts anzufangen und weiß es bis heute nicht." In den meisten entwickelten Ländern würde man einen Politiker, der so über sein Land redet, von der Seite her als skurrilen Vogel anschauen. In Deutschland spricht so der Vorsitzende einer ideologisch einflussreichen Partei, die in vielen Bundesländern mitregiert: Robert Habeck, der Co-Sprecher der Grünen. Und er bewegt sich damit keineswegs abseits des etablierten Konsenses, sondern im politischen und medialen Mainstream. „Antideutsch" zu sein ist schick in linken Kreisen, bis hin zum Nationalmasochismus, ob nun eine Linken-Politikerin sich allen Ernstes die Rückkehr des alliierten Bombenterrors gegen die deutsche Zivilbevölkerung wünscht, Nachwuchs-Grüne auf die Nationalflagge urinieren oder eine leibhaftige Bundestagsvizepräsidentin, die schon gegen die Wiedervereinigung mit „Nie wieder Deutschland" zu Felde zog, sich heute noch in Gesellschaft von Fäkalbeschimpfungen des eigenen Landes wohlfühlt.

Auch diesseits solcher Exzesse des nationalen Selbsthasses ist Skepsis gegenüber Nation und Nationalstaat im politischen und medialen Mainstream unseres Landes tief verankert. Er liebe keine Staaten, er liebe seine Frau – mit dieser Sottise hatte Gustav Heinemann schon zu Achtundsechziger-Zeiten die Frage nach seinem Patriotismus beantwortet, bevor er 1969 zum ersten sozialdemokratischen Bundespräsidenten der Bonner Republik gewählt wurde.

Auch fast drei Jahrzehnte nach Mauerfall und Wiedervereinigung haben Linksintellektuelle noch immer nicht ihren Frieden mit der Wiederherstellung der Republik der Deutschen gemacht. Die hypermoralische Zivilreligion deutscher Linker sah in der Zerschlagung und Teilung des deutschen Nationalstaats nach dem Zweiten Weltkrieg eine Art „gerechte Strafe“ für die nationalsozialistische Diktatur und in der Auflösung des deutschen Volkes und Nationalstaats die daraus abgeleitete Mission. Die friedliche Revolution von 1989 und die vom Volk in den mitteldeutschen Ländern erzwungene Wiedervereinigung war in dieser Sichtweise ein Rückschlag, aber nicht das Ende dieser Mission.

Die gemeinhin so bezeichneten „bürgerlichen“ Kräfte, namentlich die im Koordinatensystem der alten Bundesrepublik „christdemokratisch“ beziehungsweise „liberal“ verorteten Unionsparteien und die FDP, haben diesem Furor keinen überzeugenden positiven Standpunkt entgegenzusetzen. Die Auffassung, der Nationalstaat sei ein „Relikt des 19. Jahrhunderts“, das im Namen des Fortschritts „überwunden“ werden müsse, gehört auch hier zur gängigen Münze politischer Standardbekenntnisse. Die Sehnsucht, deutsche Staatlichkeit in übernationalen Zusammenschlüssen aufzulösen, sei es in einer Europäischen Union, die zum europäischen Superstaat transformiert würde, zu „Vereinigten Staaten von Europa“, oder gar in einer UNO-Weltrepublik, der sich nationale Staatlichkeiten ohne Murren unterzuordnen hätten, verbindet die Politikergeneration eines Helmut Kohl mit der Generation Merkel.

Diese Haltung hat die deutsche Politik auf einen fatalen Sonderweg geführt: die Überhöhung politischer Zusammenschlüsse und Bündnisse zur Endstation einer säkularisierten Heilserwartung, die die Definition und Durchsetzung nationaler Interessen nicht nur überflüssig machen soll, sondern sogar zum potenziellen Sündenfall erklärt, sofern sie der ersehnten Erlösung von der eigenen Nationalität im Wege stehen sollten. Wer genau hinhört im etablierten Diskurs, der vernimmt, dass von „deutschen Interessen“ allenfalls dann die Rede ist, wenn diese mit den vermuteten Interessen „Europas", des „westlichen Bündnisses" oder der „Weltgemeinschaft" gleichgesetzt werden.

Diese Haltung hat der wiedervereinigten deutschen Republik eine ganze Serie schwerer Hypotheken aufgebürdet. Helmut Kohl, der als „Kanzler der Einheit" gefeiert wird, hat die wiedergewonnene Staatlichkeit sogleich in das Korsett der Europäischen Währungsunion und der EU der Verträge von Maastricht und Lissabon gezwängt, die auf immer weitergehende politische Integration bis hin zu einer eigenen EU-Staatlichkeit zielt, in der die Nationalstaaten lediglich noch Provinzen oder Verwaltungseinheiten wären. Gegen seine naheliegenden geopolitischen Interessen hat Deutschland sich auch auf Wunsch und Druck der westlichen Führungsmacht USA in eine strategische Dauerkonfrontation mit Russland drängen lassen, ohne dass eine nüchterne und abwägende Debatte eigener politischer und volkswirtschaftlicher Interessen stattgefunden hätte.

Dass die Deutschen sich nach dem Zweiten Weltkrieg zunächst einmal schwertaten mit allem, was mit Nation zu tun hatte, war aus der Erfahrung der nationalen Katastrophe heraus verständlich. Die Generation des Helmut Kohl, der bei Kriegsende 15 Jahre alt gewesen war, hatte am eigenen Leib erfahren, wie man den Deutschen im übrigen Europa noch lange nach Kriegsende mit Skepsis, ja Ablehnung begegnete. Die Flucht aus der eigenen nationalen Identität in eine europäische Über-Identität war da ein naheliegender Reflex. Im Windschatten des Kalten Krieges, solange Deutschland zwischen zwei konkurrierenden Mächteblöcken aufgespalten und als geteilte Nation nur bedingt handlungsfähig war, konnte man diesen spezifisch deutschen nationalen Eskapismus – Europa-Kosmopolitismus auf der „bürgerlichen", Nationalmasochismus und Selbsthass auf der linken Seite des politischen Spektrums – zunächst auch ausleben, ohne damit unmittelbare größere Erschütterungen auszulösen.

Für das wiedervereinigte Deutschland ist die verinnerlichte Flucht aus der eigenen nationalen Identität indes kein taugliches politisches Rezept. Schon aufgrund ihres ökonomischen Gewichts fällt der Bundesrepublik Deutschland in einer nach Norden, Osten und Süden erweiterten Europäischen Union und in einer zunehmend multipolaren Welt die Rolle einer Mittelmacht zu, die ihre eigenen Interessen definieren und geltend machen muss, um als verlässliche und berechenbare Größe wahrgenommen zu werden. Und zwar auf realpolitischer Ebene und nicht von der abgehobenen Warte einer gefühlten Moral-Großmacht, die mit ihren extremen Vorstellungen wieder einmal die ganze Welt beglücken will.

Denn auch wenn die Funktionseliten in Berlin und Brüssel es nicht wahrhaben wollen: Der demokratische Nationalstaat ist ein Zukunftsmodell. Er ist auch im 21. Jahrhundert das vorherrschende Ordnungsprinzip und der Grundbaustein der weltpolitischen Architektur. „Eine bessere Organisationsform als die Nation hat die Menschheit bisher noch nicht entwickelt“, hält der Schweizer Thomas Hürlimann zu Recht fest. Ohne das Gehäuse des Nationalstaats ist nämlich weder eine demokratische Ordnung noch ein funktionsfähiger Sozialstaat denkbar.

Demokratie heißt Volksherrschaft. Der „dēmos“, das politisch organisierte Volk, ist in anderer Terminologie die Nation. Souverän jeder Demokratie ist das Staatsvolk, nach der klassischen Völkerrechtslehre zusammen mit einem fest abgegrenzten Staatsgebiet und der Staatsgewalt darüber ein konstitutives Element der politischen Einheit „Staat“. Wo die Staatsgewalt über das Staatsgebiet vom Staatsvolk ausgeht und von diesem in Wahlen und Abstimmungen über die Bestimmung und Kontrolle seiner Regierung und der politischen Entscheidungen ausgeübt wird, sprechen wir von Demokratie. Mit anderen Worten: Ohne Staatsvolk kein Nationalstaat, ohne Nationalstaat keine Demokratie.

Staatsvolk ist dabei mehr als eine zufällig auf einem bestimmten Territorium anwesende Bevölkerung. Ein Mindestmaß an Gemeinsamkeiten ist erforderlich, um aus einer Anzahl von Individuen eine Nation zu machen, die mehr ist als die Summe widerstreitender Partikularinteressen und als Schicksalsgemeinschaft in der Lage ist, auch Krisenzeiten zu überstehen. „Der europäische Nationalstaat war nur deshalb ein erfolgreiches Projekt, weil sich seine Bewohner ungeachtet aller sozialen Konflikte auch in Übereinstimmung miteinander wussten, weil gemeinsam Erlebtes und Gefühltes dem Zusammenleben einen Grund gegeben haben" – so formuliert es der Berliner Historiker Jörg Baberowski. Davon sei „wenig geblieben, weil die liberalen Eliten vergessen haben, dass Gesellschaften ihre Konsistenz verlieren, wenn Menschen, die in ihnen leben, nichts mehr miteinander verbindet".

Es braucht daher mehr als gemeinsame Reisedokumente und den Buchstaben des Grundgesetzes, um eine Gesellschaft zum demokratischen Souverän zu formen. Der „Verfassungspatriotismus", von Linksintellektuellen im toten Winkel der Geschichte ersonnen, in dem sich die alte Bundesrepublik vor 1989 befand, war weder damals noch heute ein tauglicher Nationsersatz. Gemeinsame historische Erfahrung, Sprache und Kultur gehören ebenfalls dazu. Auch das Grundgesetz geht von diesem Nationsbegriff aus. Es handelt sich ja nicht um Ausschließlichkeitskriterien; jede Nation, auch die deutsche, hat zu jeder Zeit Einwanderer aufgenommen und integriert, die Teil ihrer Schicksalsgemeinschaft sein wollten. Wo aber dieser Wille fehlt und Migrantengruppen Parallel- und Gegengesellschaften bilden, geht der Kitt verloren, der das Staatsvolk zusammenhält, und der demokratische Souverän erodiert.

In seinem Spätwerk hat der Harvard-Soziologe Robert D. Putnam den von ihm geprägten Begriff des „sozialen Kapitals" explizit auf multiethnische Gesellschaften übertragen. In multikulturellen Gesellschaften wachse das Misstrauen innerhalb der Bevölkerung, konstatiert er in seiner Studie zur „Kehrseite der Vielfalt" („The Downside of Diversity", 2007); Menschen zögen sich in ihr Schneckenhaus zurück, das „soziale Kapital" – gesellschaftliche Netzwerke, religiöse und nachbarschaftliche Gemeinschaften – nehme ab und mit dem Vertrauen schwinde auch der Lebenswert. Multikulturalismus ist eine Zumutung, gegen die sich die Ausgangsgesellschaften aus gutem Grund wehren. Der in Deutschland aufgewachsene und in New York lebende Politologe Yascha Mounk, der seit einiger Zeit unkritisch durch die Medien gereicht wird, hat unfreiwillig entlarvend zugegeben, „dass wir hier ein historisch einzigartiges Experiment wagen, und zwar eine monoethnische und monokulturelle Demokratie in eine multiethnische zu verwandeln". Das werde wohl gelingen, „dabei kommt es aber natürlich auch zu vielen Verwerfungen".

Ein krasser Euphemismus, und nicht nur das. „Multikulturelle Demokratie" ist ein Widerspruch in sich, denn es fehlt ihr der demokratische Souverän. Dessen teilweise oder vollständige Auswechselung durch großangelegte, ungeregelte und unbewältigte Migration aus anderen Kulturkreisen ist ebenso ein Anschlag auf die Demokratie selbst wie der Versuch, den demokratischen Nationalstaat in einem übernationalen Zusammenschluss, einem „Superstaat", einzuschmelzen und aufzulösen.

Mit dem Nationalstaat wird zugleich auch der Sozialstaat aufs Spiel gesetzt. Man könne nur eines von beiden haben, offene Grenze oder Sozialstaat, hat der liberale amerikanische Ökonom Milton Friedman schon vor mehr als vier Jahrzehnten festgestellt. Wer reflexartig das Mantra nachbetet, Deutschland müsse ein „Einwanderungsland" sein, verschweigt in der Regel diese einfache Wahrheit. „Dieselben Leute, die den Wohlfahrtsstaat hochhalten und die Versicherung gegen möglichst alle Lebensrisiken von ihm erwarten, höhlen ihn mit der Idee der Grenzenlosigkeit aus, denn der Wohlfahrtsstaat ist ein Umlageverein für eine begrenzte Zahl von Mitgliedern. Er ist kein Angebot für die Welt, er funktioniert nur in Grenzen", bringt Rüdiger Safranski den Widerspruch auf den Punkt.

Diese Wirklichkeit – Safranski nennt sie eine „Banalität" – holt die Ideologen, Schreibtischstrategen und Mitläufer des Multikulturalismus gerade unbarmherzig ein. Solidarität hat ihre Grenzen in den Lebenskreisen, die der Einzelne überschauen kann. Die Bereitschaft, Opfer für andere zu bringen und füreinander einzustehen, ist am stärksten innerhalb der Familie und des unmittelbaren Lebensumfelds. Jenseits der Nation ist sie schlicht nicht vermittelbar. Wer fordert, mit der ganzen Welt zu teilen, will in der Regel auf anderer Leute Kosten großzügig sein und seine Wohltäter-Moral pflegen. Die komfortablen Sozialstaaten des Westens üben auf Wohlstandsmigranten ungeheure Anziehungskraft aus. Öffnet man sie indes für alle, die daran teilhaben wollen, ohne selbst Teil der sie tragenden Solidargemeinschaft zu werden, zerstört man sie. Da sich diese Wohlfahrtsstaaten „nun einmal im Gehäuse von weitgehend demokratisierten Nationalstaaten befinden, ahnen viele Linke mit aufkeimendem Entsetzen, dass Sozial- und Nationalstaatlichkeit zwei Seiten derselben Medaille sein könnten", umschreibt der Dresdener Politikwissenschaftler Werner J. Patzelt diese „Dialektik des Sozialen".

Eine der wenigen, die das aufseiten der Linken erkannt haben, ist Sahra Wagenknecht. „Demokratie und Sozialstaat wurden aus gutem Grund im Rahmen einzelner Nationalstaaten erkämpft, und sie verschwinden mit dem Machtverlust ihrer Parlamente und Regierungen", schreibt sie im Vorwort ihres 2016 erschienenen Buches „Reichtum ohne Gier". Demokratie lebe nur in Räumen, die für die Menschen überschaubar seien: „Je größer, inhomogener und unübersichtlicher eine politische Einheit ist, desto weniger funktioniert das. Kommen dann noch Unterschiede in Sprachen und Kulturen hinzu, ist es ein aussichtsloses Unterfangen."

Der Nationalstaat, der einer eingefleischten Kommunistin und Verehrerin des ruinösen venezolanischen Chávez-Sozialismus wie Sahra Wagenknecht vorschweben mag, sähe allerdings wohl eher so aus wie die Zwangswirtschaftshölle aus Eugen Richters „Sozialdemokratischen Zukunftsbildern", stellt man die sozialistischen Enteignungs- und Umverteilungskaskaden in Rechnung, die sie an anderer Stelle nahelegt. Wenn wir dennoch das Tabu überwinden, mit dem der Nationalstaat belegt ist, und in ihm wieder ein Zukunftsmodell für die Bewältigung der Herausforderungen des 21. Jahrhunderts sehen, ist das immerhin ein Anfang.

Unter dem wahrscheinlich letzten sozialdemokratischen Bundeskanzler Gerhard Schröder sah es eine kurze Zeitspanne lang so aus, als könnten die Deutschen ihr Verhältnis zur eigenen Nation entkrampfen und eigenständig ihren Platz in der Welt zu definieren beginnen. Fast erleichtert registrierten unsere europäischen Nachbarn während der Fußballweltmeisterschaft in Deutschland, dass auch die Deutschen so unbefangen mit ihren Nationalsymbolen umgehen können wie sie selbst. Die bleierne Merkel-Zeit hat uns auch in dieser Hinsicht weit zurückgeworfen, das Land und ganz Europa tiefer gespalten und härter in die Isolation geführt als je zuvor. Die Aufgabe aber bleibt. Um Rüdiger Safranski noch einmal das Wort zu geben: „Alles, was mit Nation zusammenhängt, hat in Deutschland zu Recht erst einmal seine Unschuld verloren. Weil es aber ohne Nation nicht geht, muss man es eben wieder lernen."

# 4. Land der Widersprüche

## Europäische Sackgassen

Ohne Vaterländer gibt es kein Europa. In ihrer ursprünglichen Konstruktion ist die Europäische Union ein Bund souveräner Nationalstaaten, die sich eine Plattform geschaffen haben, um in bestimmten Politikbereichen von länderübergreifender Tragweite – in erster Linie Wirtschaftspolitik und Freihandel – kooperieren und ihre Interessen ausgleichen zu können. Dabei war es durchaus ein ursprüngliches Ziel der Gründung der „Europäischen Gemeinschaft für Kohle und Stahl“, die wiedererstarkende Wirtschaftskraft und die industriellen Ressourcen der aus den drei westlichen Besatzungszonen hervorgegangenen Bundesrepublik Deutschland einzuhegen. Die junge Bundesrepublik hat diesen Preis in nüchterner Abwägung gezahlt, weil er nach der katastrophalen Niederlage von 1945 eine schnellere gleichberechtigte Rückkehr auf die internationale politische Bühne und die Abwehr von sicherheitspolitisch begründeten französischen Annexions- und Abspaltungsbestrebungen versprach. Darüber hinaus hatte keine der beteiligten westeuropäischen Gründungsnationen im Sinn, ihre eigene Staatlichkeit aufzugeben und in einem europäischen Superstaat aufgehen zu lassen. Das Scheitern der „Europäischen Verteidigungsgemeinschaft“ (EVG), die führende deutsche und französische Politiker angestrebt hatten, am Widerstand der französischen Volksvertretung bekräftigt das: Zu einem so weitgehenden Souveränitätsverzicht war niemand bereit außer den Westdeutschen, die ihre volle staatliche Souveränität noch gar nicht wiedererlangt hatten.

Aktuell befindet sich die Europäische Union in der tiefsten Krise seit ihrem Bestehen. Diese Krise ist keineswegs, wie gemeinhin dargestellt, das Werk übler „Nationalisten", die aus nationalem Egoismus vermeintliche europäische „Errungenschaften" zerstören wollten. Sie ist verschuldet von einer abgehobenen europäischen Funktionärselite, die das europäische Projekt Schritt für Schritt von diesen Ursprüngen weggeführt hat. Sinnbild und Inkarnation dieser Funktionärselite ist der langjährige Präsident der EU-Kommission Jean-Claude Juncker, der noch keine Gelegenheit ausgelassen hat, um die „Vertiefung" und „politische Integration" der Union als Selbstzweck und ihre Transformation zu einem von unkontrollierten Beamten und Funktionären verwalteten Quasi-Staat zum Endziel zu erklären.

Die „Vereinigten Staaten von Europa", die in Deutschland gerade Politiker von Union und SPD immer wieder locker im Munde führen, können allerdings niemals demokratisch sein. Einem solchen europäischen „Superstaat" würde ein Staatsvolk als Souverän fehlen, das einen gemeinsamen Willen zur staatlichen Organisation hätte, und damit die Möglichkeit, demokratische Öffentlichkeit ohne unüberwindliche Kommunikationsbarrieren herzustellen. Auch das mit großem Aufwand in Straßburg und Brüssel unterhaltene „Europäische Parlament" kann folglich kein Parlament im demokratischen und republikanischen Sinne sein. Wenn trotzdem immer wieder von einer „Demokratisierung" der europäischen Institutionen die Rede ist und damit in der Regel die Einführung weiterer zentralistischer und quasi-staatlicher Elemente gemeint ist, etwa die Schaffung eines „EU-Finanzministers" oder eine Verantwortlichkeit der Kommission als EU-„Regierung" gegenüber dem EU-„Parlament", grenzt das wegen dieses Legitimitätsdefizits eher an Farce und Travestie.

„Wir beschließen etwas, stellen das dann in den Raum und warten einige Zeit ab, was passiert. Wenn es dann kein großes Geschrei gibt und keine Aufstände, weil die meisten gar nicht begreifen, was da beschlossen wurde, dann machen wir weiter – Schritt für Schritt, bis es kein Zurück mehr gibt.“ Das viel zitierte, bald 20 Jahre alte Diktum Jean-Claude Junckers beschreibt diesen Prozess einer geräuschlosen Selbstermächtigung der Brüsseler Eurokratie plastisch und unverblümt. Möglich ist die schleichende Aushöhlung der Souveränität der europäischen Nationalstaaten nur, weil die politischen Eliten einer Reihe von Mitgliedstaaten das Spiel mitspielen und sich der Idee eines europäischen Superstaats und einer EU-Nomenklatura offenbar mehr verbunden fühlen als dem Souverän ihrer Nationalstaaten, dem sie Amt und Legitimation verdanken. Zu groß ist die Verlockung, „über Bande zu spielen“ und politische Vorhaben, die sich auf dem demokratisch sauberen Weg der nationalen Gesetzgebung nicht durchsetzen lassen, durch die Hintertür über europäische Verwaltungsakte einzufädeln, die im Kreise von EU-Bürokraten und Fachministerkollegen erdacht und anschließend den nationalen Parlamenten als unabänderliche Vorlage zum Durchwinken vorgesetzt werden. Deutschlands Regierungen führen diesen Reigen, bei dem nicht zuletzt klangvolle Posten als Krönung und Abschluss der politischen Karriere winken, regelmäßig in vorderster Reihe mit an.

Den Grundwiderspruch jedoch können alle rhetorischen Girlanden nicht auflösen: Nach dem Grundverständnis der Europäischen Union sind und bleiben die Nationalstaaten „Herren der Verträge“. Sie sind der einzige Quell demokratischer Legitimität. Jede Souveränitätsübertragung auf eine überstaatliche Ebene muss daher dem Subsidiaritätsprinzip folgen und durch die vorgesehenen nationalen Institutionen streng kontrolliert werden. Das sind die Parlamente der einzelnen europäischen Nationalstaaten, in Grundsatzfragen das gesamte Staatsvolk. Daraus folgt, dass die einseitige Auslegung des Subsidiaritätsprinzips zugunsten einer Stärkung der zentralistischen Bürokratie, wie sie beispielsweise die Rechtsprechung des Europäischen Gerichtshofs durchzieht, letzten Endes demokratiefeindlich wirkt.

Die Praxis, den Ausbau der Union vornehmlich auf dem Wege von Richtlinien und Verordnungen voranzutreiben, übergeht den Souverän und bedeutet die faktische Ausschaltung der Parlamente, die zu Akklamationsorganen degradiert werden. Demokratietheoretisch ist das mehr als fragwürdig. „Es stellt sich die Frage, ob man die Bundesrepublik Deutschland überhaupt noch uneingeschränkt als parlamentarische Demokratie bezeichnen kann", schrieb Altbundespräsident Roman Herzog 2007 in einem gemeinsam mit Lüder Gerken, dem Direktor des Centrums für Europäische Politik (CEP), verfassten Warnruf. Herzog verwies darauf, dass über 80 Prozent der nationalen Rechtsakte inzwischen nach EU-Vorgaben erfolgten, auf die der Bundestag nicht den im Grundgesetz vorgesehenen Einfluss habe. Die Frage ist unverändert aktuell.

Das Mantra der ständigen „Vertiefung" der politischen Union und der damit verbundene Verselbstständigungsdrang der Eurokratie war schon in den 70er- und 80er-Jahren des 20. Jahrhunderts allgegenwärtig. Die konkreten Auswirkungen waren allerdings weniger virulent, da der europäische Zusammenschluss noch auf die kleine und vergleichsweise wenig heterogene Gruppe der westeuropäischen Mitgliedstaaten beschränkt war. Deren außenpolitischer Spielraum war durch die Konfrontation der Supermächte und ihrer Blöcke eingeengt, ihre faktische Souveränität blieb durch die Einbindung in die jeweiligen Sicherheitsarchitekturen beschränkt.

Nach dem Fall des Eisernen Vorhangs war allerdings eine neue Lage eingetreten. Im Osten und Südosten Europas betraten neue Akteure die Bühne, die ihre wiedergewonnene Souveränität und Freiheit unter dem Dach der europäischen Staatengemeinschaft abzusichern suchten. Gleichzeitig suchten die westeuropäischen Eliten ihr Heil in der Forcierung der politischen „Integration". Die Gemeinschaftswährung „Euro" sollte der Hebel werden, um die politische Union zu erzwingen. Das Ergebnis war der Maastricht-Vertrag von 1992. Er trägt zum einen die Handschrift des traditionellen französischen Vormachtdenkens, das die Dominanz eines wiedervereinigten Deutschlands fürchtet und es durch Einbindung zähmen und neutralisieren möchte. Chefredakteur Franz-Olivier Giesbert brachte diese Denkweise am 18. September 1992 im Pariser *Le Figaro* auf den Punkt: „Maastricht, das ist der Versailler Vertrag ohne Krieg." Unausgesprochen schwingt dabei das *vae victis* von 1919 mit: „Le boche payera tout" – der verdammte Deutsche wird die Zeche zahlen.

Paris konnte sich bei dieser Fortsetzung traditioneller französischer Großmachtpolitik mit europäischen Mitteln die Nationsflucht und Nationalstaatsverachtung der deutschen Eliten zunutze machen. Die Regierung Kohl akzeptierte die Auslieferung von Deutscher Mark und Bundesbank und damit die faktische „Europäisierung" der deutschen Wirtschaftskraft als notwendigen Preis der Wiedervereinigung. Für Frankreich ging es darum, die „deutsche Atombombe" – so pflegte der französische Präsident François Mitterrand die Deutsche Mark intern zu bezeichnen – durch Europäisierung zu entschärfen. Die eigenen Großmachtattribute – der ständige Sitz im Weltsicherheitsrat als Siegermacht des Zweiten Weltkriegs, die eigene Nuklearstreitmacht „force de frappe" – standen zur Einbringung in eine europäische Schicksalsgemeinschaft nie zur Disposition, auch wenn sie längst mehr symbolische Attribute als Ausdruck tatsächlicher Macht geworden sein mochten. Für den Sozialisten Mitterrand wie für seinen Nachfolger im Amt des Staatspräsidenten, den Gaullisten Jacques Chirac, war der Euro „nicht primär ein Schritt zum vereinten Europa, sondern vielmehr ein Instrument französischer Machtpolitik, um die Dominanz der D-Mark ein für allemal zu beseitigen", hält der Kohl-Biograf Hans-Peter Schwarz fest. Dass die Deutschen im Zweifelsfall stets nachgeben würden, darauf konnte die französische Diplomatie sich schon wegen des deutschen NS-Schuldkomplexes verlassen, der im Koordinatensystem deutscher Spitzenpolitiker regelmäßig die Oberhand über die nüchterne Vertretung eigener Interessen gewinnt. „Wenn Altkanzler Helmut Schmidt öffentlich behauptet, der Holocaust verpflichte die Deutschen zu Transferleistungen", kritisiert der Jurist und politische Denker Arnulf Baring diese Mentalität, „liefert er den Schlüssel zu unserer Erpressung. Joschka Fischer geht in dieselbe Richtung, wenn er schreibt, wir hätten Europa im letzten Jahrhundert ruiniert und müssten jetzt, koste es, was es wolle, Europa retten."

Das Wunschbild vom Ende aller Nationalstaaten vernebelte den Blick dafür, dass dieser Traum außerhalb der Bonner Republik keineswegs einhellig mitgeträumt und andernorts höchstens als Mittel zum Zweck akzeptiert wurde. Dass letztlich niemand in Europa die Wiedervereinigung hätte mit Gewalt verhindern können, wenn die Deutschen diesen Preis nicht bezahlt hätten, kam der westdeutschen Politik nicht in den Sinn. Der Mut zum Sprung ins kalte Wasser der Souveränität, den die Mitteldeutschen gezeigt hatten, als sie durch einen friedlichen Volksaufstand den Fall der Mauer und das Ende der „DDR" erzwangen, hatte in Bonn keine Entsprechung. In diesem Sinne ist die EU unserer Tage tatsächlich, in den Worten Thomas Hürlimanns, ein vom anationalen Denken geprägtes „deutsches Projekt": „Weil die Deutschen ihre nationale Geschichte auf den Holocaust reduziert haben, wollen sie nun von dieser Fixierung loskommen und sich jeglicher Nationalität entledigen. Die Einführung des Euro ist die Stunde null eines Verdrängungskomplexes."

Um korrekt zu sein: In vielen großen EU-Mitgliedstaaten instrumentalisieren progressive politische Kräfte Schuldgefühle wegen der eigenen Vergangenheit, um damit Bestrebungen zu rechtfertigen, den vermeintlich historisch belasteten Nationalstaat durch schrankenlose außereuropäische Migration aufzulösen. Douglas Murray hat das in seinem wegweisenden Werk „Der Selbstmord Europas" eindrücklich herausgearbeitet. Die Vorstellung, Migration sei ein Wert an sich und ein einheitlicher europäischer Wirtschaftsraum brauche auch eine kräftig durchmischte Einheitsbevölkerung, wird dadurch wesentlich angetrieben. Die historische Identitätskrise der Deutschen stellt allerdings die Kolonial-Komplexe bei Franzosen, Briten oder Holländern, die diese Länder schon früher veranlasst haben, expansive außereuropäische Migration zuzulassen, bei Weitem in den Schatten. Fast scheint es, als wollte Deutschland im Geschwindmarsch die Probleme nachholen, die sich diese

Länder in Jahrzehnten bereits eingehandelt haben. Es gehe in seinem Buch „um Europa im Allgemeinen und um Deutschland im Besonderen", schreibt Douglas Murray im Vorwort zur deutschen Ausgabe seines Werkes: „Die darin beschriebenen Ereignisse wurden von Deutschland angetrieben und können nur korrigiert werden, wenn sie von Deutschland vernünftig angegangen werden."

Ein gängiger Glaubenssatz lautet, „Europa" – im Sprachgebrauch der Brüsseler Hybris wird der Kontinent mit dem EU-Projekt gleichgesetzt – müsse immer weiter zusammenwachsen, sonst drohe Stillstand, Rückschritt oder gar Verfall. Das erinnert nicht von ungefähr an die sozialistisch-fortschrittsgläubige Parole „Vorwärts immer, rückwärts nimmer". Bereits die in mehreren Runden durchgeführte Erweiterung der mittlerweile in „Europäische Union" umbenannten Gemeinschaft um die Staaten Mittel-, Ost- und Südosteuropas brachte an den Tag, dass hier unvereinbare Ziele zusammengespannt wurden. Maximale Vertiefung und maximale Erweiterung bei gleichzeitig angestrebter Aufhebung der Binnengrenzen und unbeschränkter Personenfreizügigkeit schließen einander aus, weil das ökonomische und sozialstaatliche Gefälle zwischen den Mitgliedstaaten schlicht zu groß ist.

Der frühere Chef des Münchener ifo-Instituts Hans-Werner Sinn spricht in seiner Autobiografie „Auf der Suche nach der Wahrheit" von einem unlösbaren „Wohlfahrts-Trilemma", vor das die Sozialmigration die EU in ihrer jetzigen Ausgestaltung stellt. Die EU-Mitgliedstaaten sollen Sozialstaaten sein, sie sollen nach dem Inklusionsprinzip des Lissabon-Vertrags EU-Migranten rasch in das Sozialsystem des Gastlandes integrieren und dabei allen EU-Bürgern freie Wohnsitzwahl gewähren. Das muss dazu führen, dass sich die weniger Wohlhabenden in den besser ausgestatteten Wohlfahrtsstaaten sammeln und diese zur Implosion bringen. Entweder also bauen die Sozialstaaten ihre Leistungen massiv ab, um weniger attraktiv für Sozialmigration zu werden, oder die Freizügigkeit wird eingeschränkt oder aber das Inklusionsprinzip. Alles zusammen geht nicht. Die Entscheidung wird, wie üblich, auf die lange Bank geschoben. Auch die naheliegendste Lösung, nämlich Sozialleistungen prinzipiell nach dem Niveau des Herkunftslands zu gewähren, wird von Brüssel blockiert.

Die seit mehr als einem Jahrzehnt andauernde Eurokrise und mehr noch die seit 2015 außer Kontrolle geratene Migrationskrise haben diese inneren Widersprüche der Europäischen Union auf die Spitze getrieben. Die Brüsseler Eliten verfahren nach dem alten Rezept, Krisen, die durch den EU-Zentralismus erst hervorgebracht wurden, als Vorwand zum weiteren Ausbau ebendieses Zentralismus zu nutzen. Die Staatsschuldenkrise liefert den Anlass, die Mitgliedstaaten und ihre Parlamente haushaltspolitisch zu entmündigen und zusammen mit der Haftungs- und Transferunion eine europäische Quasi-Finanzregierung zu etablieren. Und zur Bewältigung der Migrationskrise soll die Souveränität der EU-Staaten über ihre Bevölkerung und die Grenzen ihres Territoriums beschnitten werden, indem Migranten zwangsweise per Quote verteilt werden und der Schutz der nationalen Außengrenzen auf eine zentrale europäische Instanz übertragen wird. Staaten wie Ungarn, die sich dem widersetzen und Grenzschutz und Migrantenaufnahme souverän selbst regeln wollen, stehen am kollektiven Pranger.

Für die nord- und osteuropäischen EU-Staaten werden erzwungene Solidarität und Souveränitätsverzicht zunehmend unerträglich. Vor allem die osteuropäischen Staaten haben sich der EU angeschlossen, um ihre neu gewonnene Souveränität abzusichern, und nicht, um ihre Nationalstaaten gleich wieder aufzulösen. Die Süd-Krisenstaaten eint dagegen die Mentalität, zwar den Kuchen der finanziellen Vorteile essen, aber die Zutaten der nationalen Eigenständigkeit behalten zu wollen.

Euro- und Migrationskrise haben die Europäische Union tief gespalten und Deutschland, dessen Regierung sich starr an das Brüsseler Dogma des „Mehr Europa“ als Lösung aller Probleme klammert, in nie da gewesener Weise isoliert und in seinem Ansehen demontiert. In Großbritannien hat der kombinierte Kontrollverlust von Euro- und Migrationskrise den Ausschlag bei der Entscheidung zum EU-Austritt gegeben. Mit dem Bündnis der Visegrád-Staaten – Ungarn, Tschechien, Polen und die Slowakei – formiert sich im vom alten Habsburgerreich geprägten östlichen Mitteleuropa ein Gegenentwurf, der auf die Unterstützung Österreichs rechnen kann.

Die Zeichen stehen auf „Renationalisierung" der europäischen Politik. Das ist keine Gefahr für „Europa" und auch nicht für einen europäischen Staatenbund, sondern für ein auf falschen Voraussetzungen und wirklichkeitsfeindlicher Ideologie errichtetes, faktisch gescheitertes Elitenprojekt. Das wachsende Bestreben, Kompetenzen von den Brüsseler Institutionen auf die Nationalstaaten zurückzuverlagern, bedeutet eine Chance zum Neuanfang unter Rückbesinnung auf die ursprünglichen Grundlagen der europäischen Staatengemeinschaft – ein „Europa der Vaterländer" im Sinne von Konrad Adenauer und Charles de Gaulle, das im Kern eine Freihandelszone bildet, in der sich der Wettbewerb der Volkswirtschaften unter optimalen Bedingungen entfalten kann. Das war im Übrigen die Grundvorstellung, unter der Großbritannien 1973 der EU beigetreten war. Neben dem konkreten Anlass der Migrationskrise ist der ungebrochene Zug zum Zentralismus der tiefere Grund für den Austritt der Briten nach 45 Jahren.

Starke Nationalstaaten sind nämlich kein Gegensatz zu einem funktionierenden europäischen Zusammenschluss, sondern vielmehr dessen Grundlage und Voraussetzung. Ebenso sind Binnengrenzen in nationaler Verantwortung kein Widerspruch zu europäischem Freihandel, sondern Grundbedingung für innereuropäischen Wettbewerb. Dieser Wettbewerb braucht den Nationalstaat als in Jahrhunderten erkämpften Ordnungsrahmen, der Privateigentum, wirtschaftliche und bürgerliche Freiheit am besten und sichersten gewährleisten kann.

Nationalstaat und Globalisierung sind folglich ebenfalls keine Gegensätze. „Globalisierung" – im Sinne von globalem Handel und Austausch – wurde in der Ära der Nationalstaaten im 19. Jahrhundert geradezu „erfunden". Ohne Nationalstaaten als Bausteine der Weltwirtschaft gibt es keinen weltweiten Wettbewerb der Systeme, in dem demokratisch, freiheitlich und marktwirtschaftlich verfasste Volkswirtschaften ihre Überlegenheit gegenüber sozialistischen Systemen unter Beweis stellen können. „Eine konsequente Rückverlagerung von Kompetenzen auf die Nationalstaaten wäre nicht das Ende der liberalen Weltwirtschaft, sondern würde diese stabilisieren", meint der Historiker Gérard Bökenkamp. Die Auflösung der Nationalstaaten wäre dagegen kein Schritt zu mehr Globalisierung, sondern zurück zu Faustrecht und Stammesgesellschaften, zum Fundamentalismus und zum Recht des Stärkeren. In den islamisierten „No-go-Areas" französischer und britischer Großstädte lässt sich das bereits heute beobachten.

Ein globaler Wirtschaftsraum, der sich zu einem zentral organisierten „Weltstaat" entwickelt, wäre ebenfalls das Ende des freien Welthandels. Zentralismus und Sozialismus sind Brüder im Geiste. Das mag erklären, warum sich Sozialisten unverdrossen für dirigistische EU-Umverteilungsapparate und „Vereinigte Staaten von Europa" begeistern können, obwohl die Realisierung letztlich zulasten heimischer Arbeitnehmerinteressen ginge. Die Utopie der übernationalen „Solidarität" ist so leicht aus den Köpfen nicht herauszubekommen. Für Europas Sozialisten ist die EU der letzte Hort des sozialistischen Internationalismus. Es ist auffällig, wie viele führende EU- und UNO-Bürokraten diesem ideologischen Stall entstammen. Und es ist kein Zufall, dass fast alle sozialdemokratischen Parteien in Europa umso stärker abstürzen, je näher diese Utopie der Verwirklichung kommt.

Der „Brexit" hätte für die EU ein Weckruf zur Umkehr sein können. Eine faire, am Freihandel orientierte Austrittsvereinbarung hätte den Anstoß für eine grundlegende Reform geben können. Eine sichere Regelung des freien Warenaustauschs mit dem Vereinigten Königreich auf Augenhöhe wäre auch im Interesse Deutschlands als einer starken Wirtschaftsnation in Mittellage, die mit Großbritannien einen wichtigen Verbündeten gegen die zentralistischen Umverteilungsbestrebungen der südlichen und westlichen Schuldenstaaten verloren hat.

Tatsächlich hat die deutsche Politik im britischen Austrittsdrama eine doppelt unwürdige Rolle gespielt. Sie hat zuerst jeden Versuch unterlassen, eine Reform zu erzwingen, die die Briten in der EU gehalten hätte. Und danach hat Berlin sich nicht nur widerspruchslos und gegen eigene Interessen der Brüsseler Verhandlungslinie untergeordnet, Großbritannien zu „bestrafen" und ein Exempel zur Abschreckung Austrittswilliger zu statuieren, sondern im Kielwasser Frankreichs auch noch eine Scharfmacher-Rolle übernommen.

Unübersehbar herrscht bei den EU-Bürokraten Panik, dass sich die Union ohne Drohgebärden gar nicht mehr zusammenhalten lässt. Nicht einmal der EU-Haushalt wird nennenswert reduziert, obschon ein gewichtiges Mitgliedsland wegfällt. Stattdessen sollen sich die deutschen Zahlungen um volle 15 Milliarden Euro erhöhen, sodass der Löwenanteil der Einnahmeausfälle am deutschen Steuerzahler hängenbleibt, damit Brüssel weiterwirtschaften kann wie bisher.

Ohne Großbritannien ist die EU auf dem Weg in eine Haftungsgemeinschaft ohne Sperrminorität, in der am Ende Deutschland zahlt. In einer solchen Konstellation ist kein Wettbewerb, kein erfolgreiches Wirtschaften mehr möglich. Das ordnungspolitische Prinzip von der Einheit von Handlung und Haftung wird verletzt und führt noch stärker als bisher zur Fehlallokation von Kapital. Eine Fiskalunion durch Steuerharmonisierung, eine Sozialunion durch Einwanderung in die Sozialsysteme, die Vergemeinschaftung der Staatsfinanzierung durch die EZB – das sind keine Antworten für die Zukunft Europas.

Die Konsequenz aus dem Brexit muss vielmehr eine neue Vorstellung von Europa sein. Europa hat nur eine Zukunft als Einheit in der Vielfalt, als Staatenbund mit gleichberechtigten Mitgliedern, die untereinander einen freien Handel organisieren, ohne Haftungsübernahmen und ohne Drohkulissen. Einheit in der Vielfalt heißt, die Nationen und ihre Staaten bleiben die Subjekte von Demokratie, Recht und Sozialstaat. Sie sind vielfach und eng miteinander verflochten, aber sie verfolgen auch im Rahmen der Europäischen Union weiter ihre eigenen Ziele, die mal mehr und mal weniger miteinander übereinstimmen können. „Wenn wir einseitig die europäische Solidarität beschwören und nationale Traditionen, Denkweisen und Interessen verleugnen", warnt der Freiburger Historiker Dominik Geppert, „sind wir auf ein Europa fixiert, das es nicht gibt."

## Der Euro – das gescheiterte Experiment

Die Euro-„Rettung" ist der große ordnungspolitische Sündenfall, der in den Geschichtsbüchern untrennbar mit der Regierungszeit von Bundeskanzlerin Angela Merkel verbunden bleiben wird. Die Anführungszeichen sind mit Bedacht gewählt und keine billige tagespolitische Polemik. Zwar wurden in den letzten zehn Jahren Hunderte von Milliarden an Stützungskrediten und Transferleistungen aufgewandt, um Griechenland und weitere überschuldete Staaten vor allem der Mittelmeerregion im Verbund der Währungsunion zu halten und ihren fälligen Staatsbankrott zu verschleiern und zu verhindern. Dennoch ist weder Griechenland vor dem Staatsbankrott „gerettet" noch der Euro vor dem Zusammenbruch. Das unvermeidliche Scheitern des von Anfang an fehlkonstruierten Experiments „Europäische Gemeinschaftswährung" wurde damit lediglich hinausgezögert – zu einem horrenden Preis, dessen ganze Dimension nach und nach zutage tritt und der früher oder später zu entrichten sein wird.

Um die Gemeinschaftswährung als Selbstzweck zu stützen und fortzuführen, haben die selbst ernannten „Retter" des Euro – die Bundesregierung, die übrigen Regierungen der Euro-Mitgliedstaaten, die EU-Kommission und die Europäische Zentralbank – reihenweise eklatante Rechtsbrüche begangen. Der erste Sündenfall, der Bruch der „No bail out"-Klausel in Artikel 125 Absatz 1 des Vertrags über die Arbeitsweise der Europäischen Union (AEUV), welche die gemeinschaftliche Haftung für Staatsschulden anderer Euro-Mitgliedsländer explizit verbietet, hat diese Rechtsbrüche in Serie fortgezeugt. Die Vorschriften gelten weiter, werden aber einfach nicht beachtet. Das gilt für das Schuldenhaftungsverbot ebenso wie für die vorgeschriebenen Sanktionen für die Verletzung der Maastricht-Kriterien, gegen die Deutschland, Frankreich und weitere acht EU-Mitgliedstaaten gleich mehrfach verstoßen haben. Die *FAZ* sprach schon im Mai 2016 vom „Verstoß als Regelfall".

Dass sie mit der Zustimmung zum ersten von vielen „Rettungs"-Kreditpaketen einen historischen Fehler begehen, muss der Bundeskanzlerin und ihrem damaligen Finanzminister Wolfgang Schäuble sehr wohl bewusst gewesen sein. Schäuble selbst hatte verschiedentlich – wenn auch nur halbherzig – versucht, die einzig vernünftige, weil ökonomisch zwingende Lösung der griechischen Schuldenkrise ins Gespräch zu bringen: das Ausscheiden des Levante-Staats aus der Gemeinschaftswährung, in die sich Athen nur durch massive Bilanzmanipulationen überhaupt den Eintritt erschleichen konnte. Griechenlands Grundproblem ist der Euro: Für die vor allem touristisch und landwirtschaftlich ausgerichtete griechische Volkswirtschaft ist die Währung zu stark. Da Griechenland an die Währungsunion gebunden ist, kann es Korrekturen nicht durch Abwertung der eigenen Landeswährung nominal vornehmen, sondern nur real durch Kürzungen der Löhne und Produktionskosten. Politisch ist dies jedoch kaum durchsetzbar, weshalb Griechenland nicht wettbewerbsfähig ist und im Euro auch nicht bleiben kann. Gleichzeitig verführten die niedrigen Zinsen durch Wegfall der Risikoprämie, für die unter anderem die Bonität Deutschlands und der wirtschaftsstärkeren Nord-Staaten bürgt, stattdessen dazu, die Staatsverschuldung in die Höhe zu treiben, sodass das Land durch eine nicht tragfähige Schuldenlast gefesselt ist. Aus dieser doppelten Gefangenschaft gibt es innerhalb des Euro keinen Ausweg, auch nicht durch einen vielfach geforderten „Schuldenschnitt", der faktisch durch die Verlängerung der Rückzahlung der Hilfskredite auf den Sankt-Nimmerleins-Tag bereits erfolgt ist.

Die Verlängerung der Rückzahlungsfristen auf einen Zeitpunkt, den die meisten heute entscheidenden Politiker gar nicht mehr erleben dürften, ist wenig anderes als ein billiger Bilanztrick. Dieses Manöver erspart es den Finanzministern Deutschlands und der anderen Geberländer, die faktisch verlorenen Griechenlandkredite heute schon als Verlust in ihre Haushalte einstellen zu müssen. Wie wenig ökonomischer Sachverstand heute in den politischen Debatten Deutschlands zu melden hat, zeigt schon der absurde Gedanke, die von Griechenland für diese Hilfskredite gezahlten Zinsen, die gemessen am Verlustrisiko ohnehin viel zu niedrig sind, seien eine „Bereicherung" Deutschlands an der Griechenlandkrise und müssten der Regierung in Athen „zurückerstattet" werden. Fakt ist: Die runde Viertelbillion Euro, die Griechenland bereits von den Eurostaaten bekommen hat, ist wahrscheinlich schon jetzt verloren, und nach wie vor ist nicht Griechenland „gerettet", sondern die vornehmlich französischen Großbanken, die massiv in griechische Staatsanleihen investiert hatten. Die als „Abschlussregelung" gepriesene vorläufig letzte Überweisung ist nichts anderes als eine weitere Kreditlinie für ein hoffnungslos überschuldetes Land. Ist die verbraucht, kommt der Ruf nach dem nächsten „Rettungspaket".

Dass der Euro nach wenigen Schönwetterjahren in die Dauerkrise abgeglitten ist, war kein Schicksalsschlag aus heiterem Himmel, sondern systembedingt. Die Europäische Währungsunion ist eine Fehlkonstruktion, in der das Scheitern von Anfang an angelegt war. So wie es, in den Worten des großen Europäers Ralf Dahrendorf, kein historisches Beispiel für eine Demokratie jenseits der Nation gibt, gibt es auch kein historisches Beispiel für einen Währungsverbund jenseits der Nation. In der Geschichte sind alle Formen von Währungsverbünden gescheitert.

Im Jahr 1872 gründeten Schweden und Dänemark die Skandinavische Währungsunion, die später auf Norwegen erweitert wurde. Trotz der wirtschaftlichen, geografischen und fiskalischen Ähnlichkeiten zerbrach die skandinavische Währungsunion nach einem guten halben Jahrhundert. Die 1865 gegründete Lateinische Münzunion löste sich ebenfalls nach einem knappen halben Jahrhundert auf. Dasselbe gilt für den Wiener Münzvertrag von 1857 zwischen Österreich und mehreren deutschen Staaten und für sämtliche zwischenstaatlichen Währungsunionen, die man auf anderen Kontinenten versucht hat.

Dafür gibt es gute und nachvollziehbare Gründe. Die Wirtschaftswissenschaften kennen durchaus eine Theorie optimaler Währungsräume. Weil in einer Währungsunion Wechselkurse als „Preis" der Währung und Kennzahl der Wettbewerbsfähigkeit der jeweiligen Volkswirtschaft wegfallen, müssen Ungleichgewichte in den Leistungs- und Kapitalbilanzen auf andere Weise ausgeglichen werden. Wenn Löhne und Preise flexibel sind, die Produktionsstrukturen der Mitgliedstaaten sehr ähnlich und stark diversifiziert sind, die einzelnen Volkswirtschaften offen und stark verflochten, die Mitglieder selbst sich darin einig sind und die Arbeitnehmermobilität hoch ist, können die notwendigen Anpassungen zumindest in der Theorie auch gelingen.

In der Praxis aber bedeutet jede Währungsunion als Zusammenschluss von Staaten mit einer gemeinsamen Währung im Kern nichts anderes als die Schaffung eines Allgemeinguts, einer in der Ökonomie sogenannten Allmende. Der Begriff stammt aus dem Hochmittelalter und bezeichnet Güter wie Wasser-, Weide-, Fischerei- oder Rohstoffentnahmerechte in Gemeindebesitz, die im Unterschied zu den individuellen landwirtschaftlichen Parzellen gemeinsam genutzt und bewirtschaftet werden. Die „Tragik der Allmende" besteht darin, dass alle Mitglieder der Gemeinschaft das Allgemeingut nutzen dürfen, aber niemand den Anreiz hat, es nachhaltig zu schonen oder gar zu pflegen. So droht beispielsweise den Weltmeeren die Überfischung und einem gemeinsamen Stück Land Übernutzung und in letzter Konsequenz nicht selten die Zerstörung.

Die Mitgliedstaaten der Eurozone erfüllen die theoretischen Bedingungen für einen optimalen Währungsraum aufgrund des hohen Wohlstandsgefälles und der unterschiedlichen Währungs- und Wirtschaftskulturen bei Weitem nicht. Die „Tragik der Allmende" bedeutet übertragen auf die Eurozone zudem einen unwiderstehlichen Anreiz für wirtschaftlich weniger leistungsfähige Staaten, sich auf Kosten anderer, solider Staaten zu verschulden und die gemeinsame Kasse, also die EZB, für den Ausgleich der eigenen Staatsdefizite und nationalen Banken zu nutzen. Genau das geschieht derzeit im Euroraum durch die Rettungsarchitektur von Beistandspaketen und Rettungsfonds wie EFSF, ESM, Direkthilfen, IWF-Hilfen, Target-2-Krediten sowie den selektiven Aufkauf von Staatsschuldentiteln von Krisenländern und mittlerweile auch von Unternehmensanleihen durch die EZB.

Es war folglich eine rein politische Entscheidung, das Experiment Euro trotzdem zu wagen, obwohl die Voraussetzungen dafür nicht annähernd gegeben waren und obwohl ganze Hundertschaften von Ökonomen und Fachleuten mit guten und sachlich nicht widerlegbaren Gründen und Argumenten davor gewarnt hatten. Dass durch die Gründung der EWU etwas zusammengeführt wurde, das unter währungstheoretischen, also auch praktischen Überlegungen nicht zusammenzuführen ist, zeigte schon das Auseinanderbrechen ihrer Vorläufer – der europäischen Währungsschlange von 1972–1978 und des Europäischen Währungssystems (EWS) von 1979–1998.

Bereits 1975 fällte eine von der EWG-Kommission eingesetzte Studiengruppe über die europäische Währungsschlange ein ernüchterndes Urteil: „Die nationalen Wirtschafts- und Währungspolitiken waren in den letzten 25 Jahren nie mehr disharmonisch und mehr divergierend als heute [...] Die Koordinierung der nationalen Politiken ist ein frommer Wunsch, der in der Praxis kaum je erreicht werden kann." Statt zu konvergieren, drifteten die Währungs- und Sozialsysteme weiter auseinander. Reihenweise kam es zu Austritten, Wiedereintritten und abermaligen Austritten; Frankreich musste gleich zweimal ausscheiden. Am Ende blieb von der Währungsschlange eine D-Mark-Zone, die nur noch Westdeutschland, Dänemark und die Benelux-Staaten umfasste; es war also genau das eingetreten, was Frankreich unbedingt verhindern wollte. „Wenn es nicht gelingt, die einzelnen Länder zu einer straffen Stabilitätspolitik zu bewegen, dann wird auch das neue europäische System die Hoffnungen nicht erfüllen", schrieb die *FAZ* 1978 zum endgültigen Scheitern der Währungsschlange: „Im Gegenteil, dann besteht die Gefahr, dass der Stabilisierungsfonds [...] von den weniger stabilitätsbewussten Ländern als eine Art Füllhorn angesehen wird, aus dem ihre wirtschaftspolitischen Versäumnisse großzügig finanziert werden können. Es wäre eine Tragödie, wenn jetzt mit großem Aufwand eine neue Form geschaffen würde, der alte Schlendrian aber weiterginge."

Diese Lehren wurden nicht gezogen. Obwohl der erste Versuch eines europäischen Währungsverbunds in Ernüchterung, Konfrontation und Spaltung geendet hatte, statt wie erwartet die Europäische Gemeinschaft weiter zu einen und zusammenzuführen, schmiedeten die damaligen führenden Politiker der Bundesrepublik Deutschland und Frankreichs, Bundeskanzler Helmut Schmidt und Staatspräsident Valéry Giscard d'Estaing, unverzüglich eine Nachfolgekonstruktion. Durch ein Abkommen der EG-Zentralbanken trat das Europäische Währungssystem (EWS) im Januar 1979 in Kraft.

Noch bevor das System an den Start ging, wurde diesmal bereits vorsorglich ein „Füllhorn" an Finanzhilfen für die wirtschaftlich weniger starken Mitgliedstaaten bereitgestellt. Vor allem Italien und Irland hatten auf zusätzliche Transferhilfen gedrungen, die ihnen auch zugesagt wurden. Gekleidet wurde der als „Strukturanpassungen" deklarierte Finanzausgleich in das Gewand der europäischen Agrar- und Regionalpolitik. Für die Kosten hatte vor allem die Bundesrepublik geradezustehen, deren Wirtschaftskraft somit bereits durch das EWS-System abgeschöpft und europäisch umverteilt werden sollte.

Helmut Schmidt akzeptierte das; ihm war von Anfang an klar, dass ein europäischer Währungszusammenschluss nur unter „hohen deutschen Opfern" einschließlich Transferzahlungen, Inkaufnahme von Preissteigerungen und Reallohneinbußen und selbst der Hingabe der Währungsreserven zu erreichen war, wie er bereits

1974 in einer Denkschrift festhielt. Der „Fortschritt der europäischen Integration“ lag für ihn im „langfristigen strategischen Interesse Deutschlands am Frieden“ und war für ihn diese Opfer wert, um zu verhindern, dass sich die übrigen Europäer ein weiteres Mal zu einer „antideutschen Koalition“ gegen das diesmal ökonomisch übermächtige Deutschland zusammenschlossen, schrieb er rückschauend 1995 in der *Zeit*. Von dieser Einsicht seien „alle Kanzler von Adenauer bis Kohl“ ausgegangen. Sie klingt fatal auch nach der Rhetorik, mit der Bundeskanzlerin Angela Merkel und ihr langjähriger Finanzminister Wolfgang Schäuble den Euro zu einer Frage von „Krieg und Frieden“ zu stilisieren und für „alternativlos“ zu erklären pflegten.

Obwohl ihm bewusst war, dass der Fehlschlag einer gemeinsamen Wirtschafts- und Finanzverfassung im Rahmen des EWS wahrscheinlicher war als der Erfolg, wischte Schmidt ökonomische, geld- und währungspolitische Einwände von Fachleuten vor diesem Hintergrund beiseite – mit demselben Gestus, mit dem er auch im Bezug auf den Euro „alle fachlichen Mäkeleien an der Währungsunion“ und selbst „gerechtfertigte Kritik am Brüsseler Bürokratismus“ als „zweitrangig“ abtat. Das Staatsvolk der deutschen Bürger wurde zu dieser Entscheidung, die gravierende Auswirkungen auf ihre Freiheits- und Eigentumsrechte und letztlich auf die deutsche Souveränität haben musste, natürlich ebenfalls nicht gefragt. Auch das EWS war, wie der Euro, in erster Linie ein französisch-deutsches Elitenprojekt.

Dass die volkswirtschaftlichen Verluste aus Währungsschlange und EWS für Deutschland begrenzt blieben, lag vor allem daran, dass die Deutsche Mark und die Bundesbank, die im europäischen Vergleich eine vergleichsweise hohe Autonomie gegenüber politischen Weisungen genoss, noch erhalten blieben. Mit ihrer an volkswirtschaftlichen Größen orientierten Zinspolitik konterkarierte die Bundesbank immer wieder auch die Absichten von Bundeskanzler Schmidt, der wie alle Sozialisten schuldenfinanzierte Ausgabeprogramme hoch- und die Inflationsgefahr für den Wohlstand der Bürger geringschätzte. Mit der Bundesbank waren auch geldpolitische Zugeständnisse an konjunkturschwächere EWS-Teilnehmerstaaten nicht zu machen. Im Konjunkturhoch nach der Wiedervereinigung fuhr die Bundesbank 1992 und 1993 einen konsequenten Hochzinskurs, um Überhitzungen vorzubeugen. Für eine Reihe von EWS-Ländern war das zu viel. Großbritannien, Spanien, Italien und Portugal mussten im Herbst 1992 nach massiven Spekulationen gegen ihre Währungen das System verlassen, Frankreich konnte nur bleiben, weil ein halbes Jahr später die Schwankungsbreiten der Wechselkurse zu seinen Gunsten drastisch ausgeweitet wurden.

Zu diesem Zeitpunkt war das Todesurteil über die Deutsche Mark und ihre Hüterin, die Bundesbank, bereits gefällt. Am 7. Februar 1992 hatten die Staats- und Regierungschefs der damals zwölf EG-Staaten den Vertrag von Maastricht unterzeichnet, in dem nicht nur eine gemeinsame Außen- und Sicherheitspolitik (GASP) und eine europäische Polizeibehörde (Europol) vereinbart, sondern auch eine „Wirtschafts- und Währungsunion" gegründet wurde. Die deutsche Politik fühlte sich aus ideologischen Gründen zu diesem Experiment verpflichtet, um die „politische Union" und in letzter Konsequenz die „Vereinigten Staaten von Europa" voranzutreiben, in denen die Nationalstaaten aufgehen sollten. Frankreich dagegen schwebte eine Art Neuauflage der „lateinischen Münzunion" zum Nutzen des eigenen Landes und mit Deutschland als Zahlmeister vor. Der Souverän, die deutschen Bürger, wurde trotz der drohenden weitreichenden Konsequenzen für die nationale Souveränität und Haushaltshoheit wiederum nicht gefragt. Hätte man das getan, die Mehrheit der Deutschen hätte zum damaligen Zeitpunkt wohl auch kaum der Abschaffung der D-Mark als Symbol des Wohlstands und der wirtschaftlichen Stärke zugestimmt.

Um deutsche Bedenken zu zerstreuen, wurden „Stabilitätskriterien" festgeschrieben, die jeder Teilnehmer der Währungsunion zu erfüllen hätte. Wie wir heute wissen, war die Erfüllung dieser Kriterien, die wirtschaftliche Konvergenz der heterogenen Teilnehmer suggerieren sollte, nur mit massiven Tricksereien und, im Falle

Griechenlands, manifestem Betrug möglich. Um der „Tragik der Allmende“ zu entgehen, waren Hilfsprogramme für Krisenstaaten durch die Nichtbeistands-Klausel („No bail out“) ebenso wie der Aufkauf von Staatsanleihen durch die Europäische Zentralbank (EZB) ursprünglich verboten. Man wollte verhindern, dass die Europäische Währungsunion als Selbstbedienungsladen auf Kosten anderer missbraucht wird. Das ist bis heute in der Theorie die Rechtslage in den europäischen Verträgen. Die EZB sollte – nach dem Vorbild der Deutschen Bundesbank, wie die Euro-Befürworter nicht müde wurden zu betonen – von politischer Einflussnahme unabhängig sein. Der Euro „stark wie die Mark“, die EZB unbestechlich der Geldwertstabilität verpflichtet wie die Bundesbank, das war die Melodie, mit der die Deutschen eingelullt und schließlich auch die Widerstände der deutschen Zentralbanker überwunden wurden. Helmut Kohl erklärte in seiner Rede vor dem deutschen Bundestag am 23. April 1998: „Nach der vertraglichen Regelung gibt es keine Haftung der Gemeinschaft für Verbindlichkeiten der Mitgliedstaaten und keine zusätzlichen Finanztransfers.“ Mit diesem Versprechen zog die Union auch in den Europawahlkampf 1999. Es sollte ein Jahrhundertbetrug an den deutschen Bürgern werden.

Paris setzte nämlich nach bewährter Übung der französischen Diplomatie von Anfang an darauf, die ursprünglich in Maastricht festgeschriebene deutsche Ausrichtung einer europäischen Währungspolitik schrittweise aufzuweichen und die Vertragsbedingungen im Sinne Frankreichs von Grund auf zu verändern, um nach französischer Art Wirtschafts- und Arbeitsmarktpolitik mit der Währung betreiben zu können. Das gelang in mehreren Etappen. Schon vor dem trotzdem nur knapp positiv ausgegangenen Referendum über den Maastricht-Vertrag im September 1992 – ja, die Franzosen durften über den Euro abstimmen, anders als die Deutschen, die das größere Opfer zu bringen hatten – hatte Mitterrand versprochen: Die EZB werde unter politischer Aufsicht stehen und der Bekämpfung von Arbeitslosigkeit den Vorrang vor der Inflationsbekämpfung geben. Auf dem Amsterdamer Gipfel wurde die

„Schaffung von Arbeitsplätzen" als gleichrangiges Ziel neben der Preisstabilität in den Maastricht-Vertrag hineingeschrieben. Nachdem der Euro, der bereits 1999 mit der Festschreibung der Wechselkurse faktisch gestartet war, mit der Einführung des Euro-Bargelds 2002 für jedermann sichtbar geworden war, erhöhte Frankreich den Druck und setzte die vorzeitige Ablösung des Niederländers Willem („Wim") Duisenberg durch den Franzosen Jean-Claude Trichet durch, einen Mann der französischen Staatswirtschaft. Unter Trichet begannen im Zuge der Euro-Schuldenkrise seit 2007 die Ankäufe von Staatsanleihen durch die EZB, die das Verbot der monetären Staatsfinanzierung durch die Zentralbank nach Artikel 123 AEUV aushebelten, und die Niedrigzinspolitik, welche die verschuldeten Staatshaushalte auf Kosten von Sparern und Anlegern entlastet. Trichets Nachfolger, der frühere italienische Zentralbankchef Mario Draghi, führt diese Politik in immer rasanterem Tempo und gigantischem Ausmaß fort – „whatever it takes", koste es, was es wolle. Die Weichwährungsländer dominieren die Zentralbankpolitik und aus dem Euro ist schon längst eine „europäische Lira" geworden.

Das Bundesverfassungsgericht hielt in seinem Maastricht-Urteil vom Oktober 1993 fest, dass das Demokratieprinzip der Teilnahme Deutschlands an supranationalen Zusammenschlüssen nicht entgegenstehe, solange eine vom Volk ausgehende Legitimation und Einflussnahme auch innerhalb des Staatenverbunds gesichert sei. Den Maastricht-Vertrag ließ das höchste deutsche Gericht letztlich passieren, weil darin noch kein unüberschaubarer Automatismus festgeschrieben sei – eine verhängnisvolle Fehleinschätzung. Aufgegangen ist vielmehr das französische Kalkül, dass die der Währungsunion innewohnenden ungelösten Widersprüche am Ende die Haftungs- und Transferunion erzwingen würden. Deutschland würde zahlen, um das Experiment zu retten. Mit der Etablierung der ersten „Rettungsschirme" wurde das im Lissabon-Vertrag festgeschriebene „Bail out"-Verbot eiskalt ausgehebelt. „Wir mussten die Verträge brechen, um den Euro zu retten", erklärte die damalige französische Finanzministerin und jetzige Chefin des Internationalen Währungsfonds (IWF), Christine Lagarde, nonchalant. Die deutsche Politik schwankte bei diesem wie bei allen weiteren Schritten zwischen hinhaltendem Taktieren und offener Kollaboration.

Die Bürger wurden von der Politik im Stich gelassen und verraten. Trotz aller milliardenschweren Hilfsprogramme geraten die Krisenstaaten immer tiefer in den Schuldensumpf, denn der Anreiz für effizientes Wirtschaften ist durch die Europäisierung der Schulden genommen. Das Recht hat seine Verbindlichkeit verloren. Frei nach Carl Schmitt ist an seine Stelle die machtpolitische Logik des Ausnahmezustands getreten, die vor allem den konkursbedrohten ehemaligen Weichwährungsländern zugutekommt, schließlich aber die finale Fallhöhe für alle vergrößern wird. Die ursprünglichen Versprechen wurden der Reihe nach gebrochen. Bekommen haben sie stattdessen den europäischen Bundesstaat durch die Hintertür. Der ist die sachlogische Konsequenz aus der Gemeinschaftswährung. Nur hat man das den Deutschen vor der Einführung des Euro bewusst nicht gesagt. Und befragt hat man sie dazu auch nicht.

Faktisch ist dieser Bundesstaat durch die Abtretung wichtiger parlamentarischer Befugnisse an die EU und die Auflösung des parlamentarischen Budgetrechts durch die Rettungsarchitektur, durch die deutsche Steuergelder in alle Richtungen umverteilt werden, schon weitgehend verwirklicht. Die Reformpläne des neuen französischen Präsidenten Emmanuel Macron wollen diese Transformation massiv beschleunigen. Auf die Haftungsunion folgt die Banken- und Sozialunion, durch die Vergemeinschaftung der Einlagensicherung für marode Banken und durch Projekte wie eine „europäische Arbeitslosenversicherung", die von den Sozialdemokraten emphatisch begrüßt wird. Sie berauschen sich an der globalsozialistischen Vision eines bürokratisch-zentralistischen Überstaats und verlieren dabei die Interessen ihrer einstigen Klientel, der Arbeiter, Angestellten und der Mittelschicht, vollends aus dem Blick. Macrons Plan eines europäischen Finanzministers und eines „Eurozonen-Budgets" für Umverteilungsmaßnahmen in kriselnde

Staaten treibt die undemokratische Entmündigung der Nationalstaaten weiter auf die Spitze.

## Euro-Legenden und Papiergeld-Schwindel

Als Beruhigungspille für die klaglose Hinnahme des Umbaus der Währungsunion im französischen Sinn zu einer Haftungs- und Transferunion verabreichen Politik und Medien-Multiplikatoren gern die Legende vom „reichen" Deutschland, das doch ein „Hauptprofiteur" des Euro sei. Das ist gleich in mehrfacher Hinsicht Unsinn. Nach der Einführung des Euro erlebte Deutschland zunächst eine schwere Wirtschaftskrise mit hoher Arbeitslosigkeit, die erst durch die harten Agenda-Reformen der Schröder-Regierung überwunden wurde. Während die südeuropäischen Hochschuldenstaaten statt der von ihnen erwarteten Konvergenz eine Schuldenparty auf Kosten der deutschen Bonität feierten – seit 1995, dem Zeitpunkt der Bekanntgabe des Euro-Zeitplans, sanken die Zinsen für sie kontinuierlich – und sich beispielsweise in Griechenland, Spanien und Italien Lohn- und Gehaltssteigerungen um ein Drittel und mehr gönnten, stiegen im ersten Euro-Jahrzehnt die Einkommen im privaten und öffentlichen Sektor in Deutschland gerade mal um vier Prozent. Seit 1995 verzeichnet das deutsche Bruttoinlandsprodukt das zweitniedrigste Wachstum aller Euro-Länder überhaupt – nur Italien steht noch schlechter da. Die Zeche für die nach der Schuldensause unausweichlichen Anpassungen nach unten soll nun wiederum durch deutsche Finanztransfers abgemildert werden.

Dass der Euro „gut für Deutschland" sei, weil die für unser Land essenzielle Exportwirtschaft davon beflügelt werde, ist ebenfalls eine Legende. Zunächst muss einmal festgehalten werden, dass der Anteil der deutschen Exporte in die Eurozone seit Einführung des Euro um rund zehn Prozent zurückgegangen ist. Dann handelt es sich zu einem guten Teil beim „Exportweltmeister" um ein Strohfeuer, von dem zwar die Exportindustrie und ihre Aktionäre profitiert haben, ihre Mitarbeiter aber kaum. Der Ökonom und Wirtschaftspublizist Daniel Stelter spricht in seiner Analyse „Das Märchen vom reichen Land" vom Euro als einem regelrechten „Subventionsprogramm für die exportorientierte Industrie". Der für Deutschland zu schwach bewertete Euro, geringere Lohnzuwächse, niedrige Zinsen und die Schuldenparty in den südeuropäischen Staaten nahmen zwar Wettbewerbsdruck von der deutschen Industrie und begünstigten Exporte. Dass die überschuldeten Süd-Staaten über das Target-2-System einen praktisch unbegrenzten Überziehungskredit in Anspruch nehmen können, läuft in der Praxis darauf hinaus, dass das deutsche „Exportwunder" zu einem Gutteil über unbegrenzte Blankoschecks finanziert wird und reale Industriegüter gegen theoretische Forderungen eingetauscht werden. Das Risiko trägt natürlich der deutsche Steuerzahler. De facto zahlt also Deutschland seine Exporte in die Eurozone über das Target-2-System selbst.

Hinzu kommt: Mit einer starken Währung wie der Deutschen Mark stand die deutsche Wirtschaft unter permanentem Druck, ihre Produktivität zu steigern und in Innovationen zu investieren, um trotz hoher Abnehmerpreise mit ihren Produkten wettbewerbsfähig zu bleiben. Das hat jahrzehntelang gut funktioniert. Zugleich bedeutet eine starke Währung, dass Importe billiger sind und die Kaufkraft der inländischen Konsumenten steigt: Importierte Güter und Auslandsreisen werden dadurch billiger, die Mittelschicht kann sich mehr leisten. Langfristig ist der unterbewertete Euro für die exportorientierte deutsche Wirtschaft nicht Segen, sondern Gift, weil Produktivität und Wettbewerbsfähigkeit auf Dauer darunter leiden. Ihre Exporterfolge könnte die deutsche Wirtschaft auch mit einer starken Währung erzielen, sie selbst hat es in der Vergangenheit vorgemacht und die Schweiz tut es noch heute. Dass gegenwärtig Aktienkurse und Unternehmensgewinne steigen, während Produktivität und Innovationskraft stagnieren und die arbeitende Mittelschicht zunehmend unter Verarmungsdruck gerät, hat also, anders als von der Linken gern suggeriert wird, nicht mit „Raubtierkapitalismus“ und „Marktwirtschaft“ zu tun, sondern mit dem staatlichen Geldsozialismus in Europa, der marktwidrig den Preis des Geldes manipuliert und so eine Umverteilung von unten nach oben, von Sparern und Bürgern zu Staatshaushalten und Banken, begünstigt.

Diese Manipulationen haben inzwischen eine Dimension erreicht, die bewirkt, dass Deutschland regelrecht im Euro gefangen ist und in der Vermögensfalle sitzt. Die Wohlstandsverluste durch Nullzins, Weichwährung und Geldmengeninflationierung schätzen Ökonomen auf hohe dreistellige Milliardenbeträge. Die Haftungsrisiken, die Deutschland eingegangen ist, gehen in die Billionen. Allein die Risiken aus den Target-2-Forderungen der Bundesbank an andere Zentralbanken im Euro-System bewegen sich inzwischen an der Billionen-Grenze. Das „Trans-European Automated Real-time Gross settlement Express Transfer system“ ist keine harmlose virtuelle Verrechnungsstelle, wie Euro-Apologeten in Politik und Medien immer wieder abwiegeln. Das wird schon daraus deutlich, dass die Salden nicht regelmäßig ausgeglichen werden. Seit 2007 klaffen die Salden immer dramatischer auseinander. Die Süd-Länder pumpen das von der EZB aus dem Nichts geschöpfte Geld, mit dem sie vor dem Bankrott bewahrt werden, in den Geldkreislauf, die Nord-Staaten und vor allem die Bundesbank bekommen dafür Forderungen bei der EZB, die im Ernstfall uneinbringlich und auch nicht einforderbar sind. „Die wertlosen Target-2-Forderungen sind Vermögen der Bundesbürger, das Ländern geliehen wurde, um den deutschen Export zu finanzieren beziehungsweise zu subventionieren“, konstatieren die Ökonomen Marc Friedrich und Matthias Weik. „Das bedeutet nichts anderes, als dass ein beachtlicher Teil der deutschen Exporte durch die Deutsche Bundesbank finanziert wird.“ Und sie finanziert die Kapitalflucht aus dem Süden in den Norden, könnte man ergänzen. Die Hälfte des auf dem Papier stehenden deutschen Auslandsvermögens sei bereits faktisch verloren, schätzt Hans-Werner Sinn.

Trotzdem wird das Ungleichgewicht in der deutschen Exportbilanz, das erst durch den manipulierten Euro verursacht worden ist, zum Anlass genommen, von Deutschland weitere Transferleistungen zum Ausgleich zu fordern. Der Euro hat Deutschland erpressbar gemacht: Platzt der Euro, müssen die wertlosen Forderungen auch faktisch abgeschrieben werden. Deutschland hat die Wahl zwischen einem „Super-Versailles“ oder einem „Versailles“ alle zwei Jahre durch laufende Transferleistungen und Wohlstandsverluste, warnt der Risikoexperte Markus Krall, der die Dimension der damaligen und heutigen Tribute in Gold umgerechnet vergleicht.

Das Schicksal des Euro könnte sich an Italien entscheiden. Die drittgrößte Volkswirtschaft der Eurozone ist ähnlich hoch verschuldet wie Deutschland, bei deutlich geringerer Wirtschaftskraft. Zudem hat es mit seinem maroden und überschuldeten Bankensystem, das mit EZB-Hilfe künstlich am Leben gehalten wird, eine Zeitbombe im Keller. Fast die Hälfte der deutschen Target-2-Außenstände geht auf die Rechnung Italiens. Die neue italienische Regierung hat vom Standpunkt der Souveränität durchaus recht, wenn sie sich Einmischungen aus Brüssel in den nationalen Haushalt verbittet. Dann sollte sie aber auch für die selbst verursachten Schulden geradestehen. Denn eines ist klar: Ohne die Finanzspritzen aus diversen Töpfen der EU wäre Italien längst insolvent. Auch spielt Draghis Politik des billigen Geldes seinen Landsleuten in die Hände, zur Sanierung ihres maroden Bankwesens sowie zur unverantwortlichen Defizitfinanzierung eines aufgeblasenen Haushalts, der kein Morgen kennt.

Die logische Konsequenz müsste eigentlich sein, im Einvernehmen mit dem Hauptgläubiger Deutschland die Währungsunion aufzulösen. Deren Logik verlangt die politische Union und Souveränitätsaufgabe. Das will aber, außer vielleicht der deutschen politischen Elite, niemand. Stattdessen möchte man den Euro mit deutschen Transferzahlungen und mit der Enteignung der Sparer so lange wie möglich am Leben erhalten. Die Alternative lautet also: Warten auf den großen Crash oder eine geordnete Abwicklung unter Abschreibung eines beträchtlichen Teils der bereits entstandenen Verluste. Um diese zu begrenzen, sollte Deutschland zumindest unverzüglich darauf bestehen, dass Italien und die übrigen Target-2-Schuldner – deren Bürger im Durchschnitt deutlich vermögender sind als die Deutschen – die deutschen Forderungen mit realen Werten absichern und ihre Schuldenkrisen unter Heranziehung der eigenen Bürger lösen.

So oder so scheint der Zusammenbruch des Euro-Schneeballsystems, das überschuldete Staaten und deren marode Banken mit immer höheren Liquiditätsspritzen künstlich über Wasser hält, nur noch eine Frage der Zeit. Eine weitere Vergemeinschaftung der Schulden über Euro-Bonds, wie sie vor allem Frankreich betreibt, würde das Ende nur hinauszögern und die Haftungsrisiken für Deutschland noch weiter in schwindelnde Höhen treiben. Bereits zum heutigen Zeitpunkt schätzt der Finanzfachmann Max Otte die Wohlstandsverluste für Deutschland in der Regierungszeit Angela Merkels auf 3,6 Billionen Euro. Das Geldvermögen der Deutschen von rund fünf Billionen Euro verliert nach seinen Angaben durch die finanzielle Repression der EZB pro Jahr rund 120 Milliarden Euro an Wert. Italiens Staatsverschuldung ist seit 2010 von 115 auf konstant über 130 Prozent des Bruttoinlandsprodukts gestiegen. Auch die neue italienische Regierung denkt nicht an eine Reduzierung des Schuldenstands. Die italienischen Banken halten 400 Milliarden Euro an italienischen Staatsanleihen. Die europäischen Banken sitzen auf faulen Krediten von rund 950 Milliarden Euro, ein Viertel bis ein Drittel, also 250 bis 300 Milliarden Euro, entfallen allein auf Italiens Banken. Das Ende der Fahnenstange ist erreicht, schon in ein bis zwei Jahren wird es zu massiven Turbulenzen kommen. Kommt es zum Crash, steht Italien vor dem Staatsbankrott und wird die gesamte Eurozone mitreißen. Höchste Zeit also für Deutschland, die Reißleine zu ziehen und den geordneten Ausstieg aus der Gemeinschaftswährung, den „Euro-Dexit“, vorzubereiten, bevor unser Volksvermögen in diesem Strudel versinkt.

Auch wenn aus dem Experiment Währungsunion unbeschadet kaum noch herauszukommen ist: Das absehbare Ende des Euro kann auch eine Chance zum Neuanfang bedeuten. Es ist Zeit, sich von der ideologischen und komplexbefrachteten Fixierung auf das 20. Jahrhundert zu lösen und das Verhältnis Deutschlands zu den europäischen Partnern nicht länger durch die Brille von Schuld und Wiedergutmachung zu betrachten. Noch ist es für Deutschland nicht zu spät, durch Steuerreform, Entbürokratisierung, Subventionsabbau und Entschlackung der Staatsausgaben und vor allem durch eine solide Währung und eine tatsächlich unabhängige Zentralbank wieder auf den Erfolgsweg zurückzufinden. Bruno Bandulet rechnet die Möglichkeit eines „Euro-Dexits" vor, ohne Totalverluste hinnehmen zu müssen. Die Fähigkeiten dazu hätte die Bundesbank nach wie vor. Die Alternative wäre, bis zum Ende auszuharren und die Zeche allein zu bezahlen.

Und warten sollten wir keineswegs. Deutschland muss aus dem Euroverbund austreten, den „Euro-Dexit" vollziehen. Durch die vielfältigen und fortdauernden Verletzungen der Europäischen Verträge und die stetige Auflösung institutioneller Strukturen sowie die Aushebelung des parlamentarischen Budgetrechts ist der Austritt sogar geboten, weil die Geschäftsgrundlage einer angeblichen Stabilitätsgemeinschaft fortgefallen ist. Diesen Weg zeigt auch das Maastricht-Urteil des Bundesverfassungsgerichts von 1993 auf.

Ohne den „Störenfried" Deutschland käme der Euro ohnehin besser klar. Denn er könnte noch stärker abwerten, als es die Lira getan hat, also das tun, was EZB-Präsident Mario Draghi ohnehin krampfhaft versucht – „whatever it takes". Die Horrorszenarien, die für den Fall eines Austritts Deutschlands an die Wand gemalt werden, sind ebenfalls schlichtweg übertrieben. Man muss nur auf die Schweiz schauen. Deutschland wäre mit der Wiedereinführung der Deutschen Mark eine „Schweiz 2.0". Unter Annahme konstanter Gewinnmargen stünde einer Aufwertung der neuen „D-Mark 2.0" zwar eine Verteuerung der Exportpreise, aber auch eine Verbilligung der importierten Vorprodukte durch verbesserte Einkaufskonditionen gegenüber. Auch die deutschen Konsumenten würden enorm von der wiedergewonnenen höheren Kaufkraft und einer stabileren Währung profitieren.

Zudem würde eine Aufwertung nicht von heute auf morgen geschehen, sondern sie vollzöge sich gleitend. Diesen Übergang zu handhaben ist eine klassische Notenbank-Aufgabe; im konkreten Fall wäre es dann die Aufgabe der Bundesbank. Diese Art von Geldpolitik hat sie im Übrigen auch in den 1990er-Jahren bereits betrieben. Die gleiche Strategie verfolgen die Schweizerische Nationalbank und die chinesische Notenbank seit Jahren. Beide Währungen, der Schweizer Franken und der Chinesische Yuan, stehen unter andauerndem Aufwertungsdruck. Eine wiedereingeführte „DM 2.0" würde natürlich ebenfalls gegenüber dem Draghi-Euro aufwerten. Eine Währung unter Aufwertungsdruck zu stabilisieren ist für Notenbanken eine recht triviale Angelegenheit: Sie kaufen einfach Devisen und tätigen dagegen Verkäufe der eigenen Währung, wobei sie durch eine „Sterilisierungspolitik" die inländische Geldmenge konstant halten. Der Vorteil bei dieser Devisenaufkaufpolitik ist, dass die Notenbanken Devisenreserven aufbauen können, so wie das beispielsweise die chinesische Notenbank in der zurückliegenden Zeit getan hat.

Was könnte man mit diesen Reserven nicht alles finanzieren! Man könnte beispielsweise einen Staatsfonds gründen, der die Gelder zweckgebunden treuhänderisch verwaltet. Genau das praktiziert China mit einem Teil seiner Reserven: anlegen und über den dafür geschaffenen Ausgleichsfonds NSSF (National Social Security Fund) für die bevorstehende demografische „Delle" zurücklegen, wenn die zahlenstarken Jahrgänge in Rente gehen. Es gibt auch noch einen zweiten Staatsfonds, den CIC (China Investment Corporation), der in reale Werte weltweit investiert. Durch den „Euro-Dexit" – den Austritt Deutschlands aus dem Euro – könnte auch Deutschland den nötigen Spielraum gewinnen, um in Zukunft sein Rentensystem über einen solchen Staatsfonds zu stabilisieren.

Die Wurzel der Krise ist jedoch nicht der Euro allein, sondern das System des aus dem Nichts geschöpften Papiergelds, des „Fiat Money" selbst, das mit ihm auf die Spitze getrieben worden ist. Anders als solide mit realen Werten, zum Beispiel Gold, abgesichertes Geld wird Papiergeld nämlich von Banken und Zentralbanken quasi aus der Luft geschaffen: in früheren Tagen mit der Notenpresse, heute auf Knopfdruck, indem Zentralbanken den Geschäftsbanken und Geschäftsbanken ihren Kunden Kredite ausreichen, die nur zu einem winzigen Bruchteil mit vorhandenem Eigenkapital abgesichert sein müssen. Seinen „Wert" bezieht das Papiergeld aus dem Versprechen einer politischen Macht, die ein Monopol auf die Ausgabe von Geld beansprucht, dass das bedruckte Papier oder die Serie digitaler Nullen und Einsen auf dem Girokonto einen Wert habe.

Johann Wolfgang von Goethe hat das Prinzip in „Faust. Der Tragödie zweiter Teil" gültig beschrieben. „Es fehlt das Geld. Nun gut, so schaff es denn!", fordert der Kaiser, und Mephistopheles schafft: Er lässt bedrucktes Papier mit der vervielfältigten Unterschrift des Kaisers herstellen, das dem Besitzer einen Anteil an der „Unzahl vergrabnen Guts im Kaiserland" als „gewisses Pfand" verspricht. Der Kaiser und sein Schatzmeister sind nach anfänglicher Skepsis hocherfreut, dass ihre finanziellen Engpässe so einfach gelöst erscheinen, und Faust erwirbt sich Macht und Einfluss.

Der Mephisto unserer Tage ist das Banken- und Zentralbankensystem. An Goethes Kaiserhof sind die Diener und Narren des Kaisers, die das neue Papiergeld als Erste in die Hand bekommen, auch die ersten Profiteure. Den ersten Zugriff auf das „Fiat-Geld" (von lateinisch „fiat" – „es werde!") haben Staaten und institutionelle Anleger. Letztere können damit reale Werte günstig erwerben, während die Staaten sich billig verschulden können, um Wohltaten zu verteilen und damit Klientelgruppen zu kaufen und die Bürger immer stärker von sich abhängig zu machen. Diese haften zugleich mit dem Ertrag ihrer Arbeit für das von den Staatsmonopolisten geschaffene Geld. Wenn es aber bei ihnen ankommt, hat es schon einen Teil seines Wertes verloren. Denn wenn die Menge des aus dem Nichts geschaffenen Geldes rascher steigt als die produzierten und vorhandenen Güter, steigt deren Preis. Ganz konkret merken die Bürger das derzeit an der Explosion der Grundstücks- und Immobilienpreise. Entscheidend ist, bei wem die künstliche Geldschwemme zuerst ankommt: Die großen Anleger kaufen günstig, für die Normalbürger wird es teuer. Die jedem Papiergeldsystem unvermeidlich innewohnende und politisch gewollte Inflation bewirkt so eine viel radikalere und dramatischere Umverteilung von unten nach oben als jede Umverteilung durch direkte Besteuerung. Wer sich wundert, dass einige „Superreiche" immer reicher werden, während die Mittelschicht verarmt, der muss die Ursachen im Geldsystem suchen, das auf der von Roland Baader konstatierten unseligen „Komplizenschaft zwischen Staat und Zentralbank" beruht.

Die weltweite Verschuldung von Staaten, Unternehmen und Privathaushalten hat infolge dieser Komplizenschaft inzwischen einen nie da gewesenen Rekordstand erreicht und ist höher als während der globalen Finanzkrise 2009 – nach Informationen der Ökonomen Matthias Weik und Marc Friedrich betrug der globale Schuldenstand im Herbst 2018 rund 225 Prozent der weltweiten Wirtschaftsleistung. Die Masse des Geldes ist nicht in Investitionen geflossen, sondern in Konsum und Finanztransaktionen. Durch Bürgerfleiß und Produktion ist das schon lange nicht mehr zurückzuzahlen. Durch Steuererhöhungen, Schuldenschnitte und Inflation werden die Bürger dafür über kurz oder lang geradestehen müssen. Um den Crash hinauszuzögern, setzen Staaten und Zentralbanken auf Null- und Niedrigzinsen und die Schaffung von immer neuer Liquidität. Dadurch werden die arbeitenden Bürger und Steuerzahler auf dem Inflationsweg enteignet, um Staatshaushalte und Schuldenmacher zu sanieren. Damit möglichst niemand entkommen kann, hat man dem Bargeld den Krieg erklärt: Geld soll nach Möglichkeit nur noch virtuell unter voller Kontrolle des Bankensystems und damit letztlich des Staates existieren, damit Besteuerungen, Negativzinsen und letzten Endes auch Beschlagnahmungen lückenlos stattfinden können. Bargeld ist Freiheit, die Abschaffung des Bargelds ist potenziell totalitär. Sich dagegen zu wehren ist deshalb Bürgerpflicht.

Wenn wir die Eurokrise analysieren und daraus Schlüsse für eine grundsätzliche Reform ziehen wollen, dürfen wir daher die tiefere Ursache der Krise im Geldsystem nicht ignorieren, die die Staatsfinanzierung durch Schulden auf Kosten der Bürger erst ermöglicht. „Der Staat ist ein unersättliches Geldfressmonster, und die Zentralbanken sind seine unermüdlichen Inflationsmaschinen", begründet Roland Baader in seinem Werk über den „Geldsozialismus" sein Plädoyer für die Abschaffung des Zentralbankwesens. Der Abschied vom Staatsmonopol auf Geld und die Zulassung konkurrierender Währungen, die um das Vertrauen der Bürger auf Geldwertstabilität werben können, darf auf der Suche nach besseren Alternativen daher kein Tabu sein.

## Was ist „sozial", was ist „gerecht"?

„Deutschland ist ein reiches Land." Die törichte Phrase geht den Umverteilungspolitikern jeder Couleur zu allen Zeiten leicht von der Zunge, wenn es gilt, den Bürgern neue Lasten aufzubürden und etwaiges Murren darüber schon im Ansatz zu ersticken. Den Euro mit Transferzahlungen, Wohlstandsverzicht und Haftungsübernahmen in schwindelerregender Höhe retten, eine aberwitzige „Energiewende" zu unternehmen, über die der Rest der Welt nur den Kopf schüttelt, Millionen als „Flüchtlinge" verklärte Migranten zusätzlich in unsere Sozialsysteme aufzunehmen, zu „integrieren" und mit ganzen Beraterstäben zu umsorgen – das alles und noch viel mehr sollen wir uns leisten können und auch willig leisten, weil wir ja doch so „reich" seien.

Aus der Perspektive von in machtnahen Apparaten wohlversorgten Netto-Staatsprofiteuren mag sich das Leben in Deutschland tatsächlich so komfortabel anfühlen. Der durchschnittliche Mittelschicht-Steuerzahler merkt meist wenig von seinem angedichteten „Reichtum", wenn er sich im stetig schneller drehenden Hamsterrad aus steigenden Abgabenlasten und Lebenshaltungskosten abstrampelt, um seinen Lebensstandard und den seiner Familie zu halten. Im Freundes- und Bekanntenkreis sieht es kaum anders aus, sodass sich mancher fragt, wo denn die ganzen „Reichen" bloß stecken mögen, die die etablierte Politik – Grün-Rot-Linke ungenierter, die anderen diskreter – so beharrlich zur Kasse bitten möchte.

Die Ahnung täuscht nicht. Der vielbeschworene „Reichtum" Deutschlands ist teils Illusion, teils überholte Erinnerung an sorglosere Zeiten, als eine härtere Währung noch breiteren Bevölkerungsschichten stabilere Teilhabe am Wohlstand ermöglichte. Die nüchterne Statistik zeichnet ein anderes Bild. Beim Pro-Kopf-Bruttoinlandsprodukt liegt Deutschland zwar mit Platz 19 von 192 im oberen Zehntel der IWF-Statistik, wird aber von den Schweizern, Österreichern und den meisten Nordeuropäern übertroffen. Beim mittleren Haushaltseinkommen nach Steuern und Abgaben (Median-Haushaltseinkommen) nimmt Deutschland zwar einen Spitzenplatz ein, wird aber von den Franzosen, die beim Pro-Kopf-BIP viel weiter hinten liegen, locker überholt – deutlicher Indikator der viel zu hohen Steuerbelastung. Noch krasser sind die Unterschiede beim mittleren Haushalts-Nettovermögen: Da gehören die deutschen Haushalte zu den ärmsten in der Eurozone. Nicht nur in Frankreich, auch in Krisenstaaten wie Portugal, Spanien oder Italien sind die Bestandsvermögen der Haushalte deutlich höher als im vermeintlich reichen Deutschland, wo auch die Diskrepanz zwischen dem obersten Zehntel der Haushalte und dem Durchschnitt krasser ausfällt als andernorts in Europa.

Dem Gerede vom reichen Deutschland liegt eine gezielte Verwechslung von Einkommen und Vermögen, von Fluss- und Bestandsgrößen zugrunde. Die Bruttoeinkommen der Deutschen mögen, in Euro-Weichwährung gerechnet, derzeit hoch sein. Der Vermögensbestand ist es nicht. Gerade diese Größe ist jedoch entscheidend für die Zukunft eines Landes, dessen Bevölkerung wie die deutsche rasch altert. Bereits in den nächsten zehn bis 15 Jahren wird sich dieser Effekt in den sozialen Sicherungssystemen dramatisch bemerkbar machen.

Nach 2030 werden die geburtenstarken Jahrgänge, die heute auf dem Höhepunkt ihrer beruflichen Laufbahn stehen und wesentlich zum heutigen hohen Aufkommen an Steuern und Sozialabgaben beitragen, sukzessive das Rentenalter erreicht haben. Ihnen folgen Alterskohorten nach, die nicht nur zahlenmäßig lediglich halb so stark sind, sondern auch einen höheren Anteil an Gering- und Nichtqualifizierten aufweisen, die bereits jetzt teilweise oder vollständig auf Sozialtransfers angewiesen sind. Man muss kein Wirtschaftsmathematiker sein, um sich auszurechnen, dass unter diesen Bedingungen die Renten im bestehenden Umlagesystem nicht mehr sicher sind: Die Arbeitnehmer von morgen werden nicht in der Lage sein, ein Beitragsaufkommen zu erwirtschaften, das künftigen, noch zahlenstärkeren Rentnerjahrgängen eine Versorgung auch nur auf dem bereits drastisch heruntergeschraubten Niveau unserer Tage ermöglicht.

Die Forderungen, die sich daraus an eine vorausschauende und verantwortungsbewusste Politik ergeben, liegen auf der Hand. Deutschland müsste das heute erworbene Volksvermögen akkumulieren, um später von diesen Rücklagen zehren zu können. Für die deutschen Exporte müssten werthaltige Anlagen und Vermögenswerte erworben werden. Diese könnten zum Beispiel in einen Staatsfonds eingebracht werden, in den auch Privatisierungserlöse aus Staatsunternehmen und anderes Staatsvermögen einfließen.

Mit diesem Kapitalstock könnte eine grundlegend reformierte und zukunftsfähige Rentenversicherung unterstützt werden, die beispielsweise nach Schweizer Vorbild auf drei Säulen ruhen könnte: eine gesetzliche Rentenversicherung, in die alle einzahlen, als erstes Standbein; kapitalgedeckte Arbeitnehmer-Versicherungen als zweite Säule und steuerlich geförderte Anlagen in Wertpapiere oder private Rentenversicherungen als dritte Komponente. Dabei muss die erste Säule, die umlagefinanzierte gesetzliche Rente, die aufgrund der demografischen Entwicklung nicht mehr tragfähig ist und unter der unqualifizierten Einwanderung zusammenbrechen wird, dringend durch einen Ausgleichsfonds nach Schweizer Vorbild ergänzt werden. Der Ausgleichsfonds ist zur Liquiditätssicherung gedacht, um kurzfristige Einnahmeschwankungen auszugleichen. Bei einem Austritt Deutschlands aus dem Euroverbund könnten, wie zuvor beschrieben, die dann zu erwartenden Devisenreserven in einen solchen Staatsfonds zur Finanzierung der Rente eingebracht werden. Als zusätzliche Maßnahme muss die betriebliche und private Vorsorge steuerlich erheblich begünstigt werden.

Tatsächlich tut die deutsche Politik derzeit in nahezu allen Aspekten das Gegenteil des Gebotenen. Sie verschleudert deutsches Volksvermögen in nie da gewesenem Ausmaß für die Euro-„Rettung", überzogene EU-Beiträge und eine hochsubventionierte „Energiewende", die auf Kosten der Versorgungssicherheit unproduktive Parallelstrukturen schafft und den Deutschen mit die höchsten Strompreise aller europäischen Länder beschert. Sie schröpft die deutschen Steuerzahler mit einer Abgabenlast, die im Vergleich der entwickelten Industriestaaten ihresgleichen sucht und die produktive Bevölkerung am nachhaltigen Eigentumserwerb und an der Bildung von Vermögensrücklagen für die Zukunft hindert. Sie vertreibt produktive Industrie und Schlüsseltechnologien durch grüne Technikfeindlichkeit, überhöhte finanzielle Belastungen und absurde bürokratische Auflagen aus dem Land. Sie verschwendet die Rekord-Steuereinnahmen für unproduktiven Konsum und Klientelförderung, während Infrastruktur und Bildungswesen rapide verfallen. Und sie betreibt eine Einwanderungspolitik, die keinen positiven Beitrag zur Volkswirtschaft leistet – denn dafür müssten die Einwanderer, die man ins Land lässt, höher qualifiziert sein als der Bevölkerungsdurchschnitt –, sondern zu einem erheblichen Teil direkt in die Sozialsysteme stattfindet und deren Belastungen so in die Höhe treibt, dass der Kollaps in greifbare Nähe rückt. Und nicht zuletzt beraubt sie das Land durch als „Reformen" ausgegebene Niveauabsenkung und Nivellierung des Bildungssystems des wichtigsten Rohstoffs, nämlich eines hohen Potenzials an gebildeten und innovativen Köpfen, die durch Steigerung der Produktivität das demografiebedingte künftige Absinken der deutschen Wirtschaftskraft wenigstens teilweise ausgleichen könnten.

Was die Regierungsparteien Union und SPD derzeit als „Rentenkonzepte" anbieten, hat den Namen nicht verdient. Der Vorschlag der Sozialdemokraten erschöpft sich im Ausstellen ungedeckter Wechsel auf die Zukunft: Das Aussprechen einer „Rentengarantie" für ein bestimmtes Rentenniveau in den Jahren nach 2025 ist eine Deklamation ohne Wert, solange niemand weiß, woher das Geld dafür kommen soll. Nach sozialdemokratischer Logik können das nur Steuergelder sein. Doch der Steuerstaat ist in Deutschland längst an die Grenzen seiner Ausdehnbarkeit gekommen. Die „Reichen", von denen nach linker Rhetorik noch viel mehr genommen werden soll, sind längst in der Mittelschicht zu finden. Bei Einführung des progressiven Einkommensteuertarifs im Jahr 1958 griff der Spitzensteuersatz erst beim 20-Fachen eines Durchschnittsverdienstes, zitierte die *Welt* im Dezember 2017 aus einem Papier des Steuerzahlerbunds; heute schlägt er schon beim etwa 1,3-Fachen des Durchschnittseinkommens eines Vollzeitbeschäftigten zu. Das trifft dann auch den Facharbeiter oder Handwerksmeister, ehedem klassische SPD-Klientel.

An die Beschneidung des über die Ufer getretenen Steuerstaats denkt trotz Rekordeinnahmen keine der etablierten Kräfte. Sogar die „kalte Progression" der Einkommensteuertarife, über die sich der Fiskus rechtswidrig an Lohnzuwächsen überproportional bereichert, selbst wenn diese nur die allgemeine Preissteigerung ausgleichen, soll allenfalls in homöopathischen Schritten reduziert werden. In der Denkweise von Umverteilungspolitikern kann nämlich nur staatlich verteiltes Geld „soziale Gerechtigkeit" herstellen. Der Sozial- und Wohlfahrtsstaat kennt deshalb nur eine Richtung: nach oben.

Friedrich August von Hayek hat das Adjektiv „sozial" einmal als „Wiesel-Wort par excellence" bezeichnet. Ein „Wiesel-Wort" ist ein Wort, das dem damit bezeichneten Begriff den Sinn aussaugt und ihn entleert, ganz so, wie ein Wiesel die Eier in fremden Gelegen auszuschlürfen pflegt, ohne dass man es der leeren Hülle auf den ersten Blick ansieht. Tatsächlich stellt jede sozialstaatliche Maßnahme die Frage nach der Gerechtigkeit. Bevor der Staat etwas an die einen seiner Bürger verteilen kann, muss er es anderen wegnehmen. Jede Steuer bedeutet für den Betroffenen einen Wohlstandsentzug, um dem mit Steuergeld Bedachten einen Wohlstandsgewinn zu ermöglichen. Ist es gerecht, dass die Krankenschwester und der Schichtarbeiter mit ihren Steuergeldern und Abgaben die Tesla-Limousine oder den Windkraft-Fonds des grünen Besserverdieners subventionieren müssen? Ist es gerecht, dass der Angestellte und der Bauarbeiter für den Sozialmigranten mit aufkommen müssen und trotz jahrzehntelanger Beitragsleistung für den Sozialstaat im Falle der Arbeitslosigkeit binnen Kurzem jenen gleichgestellt sind, die noch nie zur Solidargemeinschaft beigetragen haben und das vielfach auch gar nicht zu tun gedenken?

Der Sozialpolitiker findet immer eine „Gerechtigkeitslücke", die es noch zu stopfen gilt, weil er ja mit seinem eigenen Wirken stets neue Ungerechtigkeiten auftut. Das hat den Wohlfahrtsstaat zu Dimensionen anwachsen lassen, die das verträgliche Maß überschreiten. Je komplexer er wird, desto geringer wird der Zuwachs an Nutzen für die gesellschaftliche Wohlfahrt. Der Grenznutzen tendiert gegen null, am Ende nährt der weitere Ausbau des Wohlfahrtsstaats nur noch die Bürokratien und Klientelgruppen, die von ihm abhängen. Das ist aber kein Wirtschaftswachstum, sondern unproduktiver Konsum. Denn am Ende sind es eben nicht staatlich besoldete Sozialpädagogen und Genderbeauftragte, die jene Werte schaffen, die den gesellschaftlichen Wohlstand mehren, sondern die Handwerker und Autoingenieure, die mit ihren Steuergeldern auch für die Erstgenannten mit aufkommen müssen.

Potenziell neigt der Sozialstaat zum totalen Anspruch: Er hat die Tendenz, jeden Lebensbereich erfassen zu wollen und den Bürger mit dem Geld, das er ihm erst abgenommen hat und dann wieder zuteilt, zu entmündigen und von sich abhängig zu machen. Der Staatsrechtler Ernst Forsthoff sah im Sozialstaat deshalb eine Gefahr für die bürgerliche Eigentumsordnung und einen natürlichen Gegner der bürgerlichen Familie. Wie in allen Dingen heißt es, die richtige Balance zu finden zwischen staatlicher

Fürsorge und persönlicher Eigenverantwortung. Der Sozialstaat hat den Bedürftigen beizustehen, nicht aber sich in sämtliche wirtschaftlichen und privaten Bereiche einzumischen.

In den Diensträumen der Bundeswirtschaftsminister, jedenfalls derer, die von der Union gestellt werden, hat die Porträtbüste von Ludwig Erhard geradezu ikonischen Charakter. Die jeweiligen Amtsinhaber sollten sie nicht nur abstauben, sondern auch regelmäßig zu Erhards Schriften greifen. In seinem Klassiker „Wohlstand für alle“ findet der Vater der deutschen Nachkriegs-Wirtschaftsordnung bis heute gültige Worte: „Soziale Sicherheit ist nicht gleichbedeutend mit Sozialversicherung für alle, nicht mit der Übertragung der individuellen menschlichen Verantwortung auf irgendein Kollektiv. Am Anfang muss die eigene Verantwortung stehen, und erst dort, wo diese nicht ausreicht oder versagen muss, setzt die Verpflichtung des Staates und der Gemeinschaft ein.“

## Sozialpolitik und die Ordnung der Wirtschaft

Für Ludwig Erhard war eine Wirtschaft, die prosperiert, zugleich die sozialste. Denn es kann nur verteilt werden, was irgendwann einmal auch wertschöpfend geschaffen wurde. Der linke Köhlerglaube, man könne Wohltaten auf Pump verteilen, setzt diese einfache Wahrheit nicht außer Kraft: Auch Staatsschulden müssen früher oder später beglichen werden, entweder durch die Steuern von morgen oder durch Einziehung von Vermögen, das früher einmal geschaffen wurde.

Sozialpolitik ist deshalb von Wirtschaftspolitik nicht zu trennen. Sie ist weder deren Anhängsel noch deren Gegenspieler, Sozialpolitik hat „in erster Linie Wirtschaftsordnungspolitik zu sein“, hält Walter Eucken in seinen „Grundsätzen der Wirtschaftspolitik“ bündig fest. Denn „es gibt nichts, was nicht sozial wichtig wäre“, jede wirtschaftliche Entscheidung und jeder staatliche Eingriff in das Wirtschaftsgeschehen hat unweigerlich auch soziale Auswirkungen.

Die Praxis sieht in Deutschland anders aus. Unter Sozialpolitik versteht man hierzulande eine unübersehbare Fülle sozialpolitischer Einzelmaßnahmen – sinnvolle und weniger durchdachte, vorausschauende und klientelpolitisch verengte, übergriffige und zurückhaltende. Oft widersprechen diese Einzelmaßnahmen einander und reißen nicht selten die Lücke, die sie an der einen Stelle schließen, an einer anderen wieder auf und liefern so die Rechtfertigung für den nächsten Eingriff. Das hat dazu geführt, dass Sozialausgaben im Bundeshaushalt bei Weitem den größten Etatposten darstellen, und hat die Steuer- und Abgabenlast für Bürger und Unternehmen in schwindelerregende Höhen getrieben. Eine schwindende Zahl produktiv Tätiger muss für den Unterhalt einer immer größeren Zahl von Steuergeld- und Transferempfängern aufkommen: direkt und indirekt von der öffentlichen Hand Beschäftigte, Rentner und Pensionäre, Hilfeempfänger und Sozialbürokraten. Die Frage, wie die bereits eingegangenen Zahlungsverpflichtungen künftig noch gestemmt werden sollen, ist ungelöst und droht schon in naher Zukunft die Etats und Budgets zu sprengen. Trotzdem werden munter neue Verpflichtungen auf die bereits bestehenden aufgesattelt und Apparate und Sozialleistungen noch weiter ausgebaut.

Um den absehbaren Kollaps der öffentlichen Haushalte abzuwenden, muss deshalb dringend umgesteuert werden. Die trügerische Zeit der hohen Einnahmen, die von Euro-Inflation, Nullzins und dem hohen Beschäftigungsstand der demnächst aus dem Arbeitsleben ausscheidenden geburtenstarken Jahrgänge beflügelt wird, dauert nicht ewig. Statt sich trotz steigender Staatsausgaben an der nur durch Rekordeinnahmen ermöglichten „schwarzen Null" zu berauschen, muss das kleiner werdende Zeitfenster zur Konsolidierung und Neuorientierung genutzt werden.

Notwendig ist eine Sozialpolitik, die sich wieder im Sinne Erhards und Euckens als Politik zur Ordnung der Wirtschaft versteht. Sie muss den Rahmen setzen, innerhalb dessen Individuen und Unternehmer, vor allem der selbstständige Mittelstand als Rückgrat der

Volkswirtschaft, frei und eigenverantwortlich zum Wohle des Gemeinwesens wirtschaften können. Sie muss die staatliche Aktivität auf ihre Kernaufgaben beschränken – Herstellung und Aufrechterhaltung der inneren und äußeren Sicherheit, Bereitstellung und Erhaltung der notwendigen Infrastruktur, Einhaltung von Gesetzen und Regeln, Unterstützung der tatsächlich Bedürftigen. Staatliche Eingriffe müssen dazu dienen, das Funktionieren der Ordnung und der Regelwerke zu gewährleisten, und nicht politisch und ideologisch gewünschte und gewollte Verhaltensweisen und Ergebnisse erzwingen wollen. Die Ordnung der Wirtschaft selbst muss auf der unbedingten Achtung von Freiheit und Eigentum aufbauen und insbesondere die Familie als kleinste Wirtschafts- und Sozialeinheit und Grundlage des Fortbestands des Gemeinwesens schützen.

Das verlangt vor allem eine tief greifende Reform des Steuersystems und der Sozialversicherungssysteme. Die Einkommensteuerfreibeträge müssen deutlich erhöht werden; bis zu einem Betrag von 2.000 Euro sollten Arbeitseinkommen komplett steuerfrei gestellt werden. Das Ehegattensplitting muss zu einem Familiensplitting ausgebaut werden, um die steuerliche Benachteiligung von Familien mit Kindern zu beseitigen und der besonders belasteten Mittelschicht die freie Entscheidung für Kinder und Familie wieder zu ermöglichen. Kleine und mittlere Einkommen müssen entlastet werden, unter anderem durch eine deutliche Anhebung der Einkommensgrenze, von der ab der Spitzensteuersatz greift, um den sogenannten „Mittelstandsbauch" im Einkommensteuertarif abzubauen. Der anachronistische Solidaritätszuschlag ist sofort und ersatzlos zu streichen. Auch die Mehrwert- und Umsatzsteuer muss drastisch gesenkt werden. Diese unsoziale indirekte Steuer belastet gerade jene Bevölkerungsschichten überproportional, die einen großen Teil ihres Einkommens für den täglichen Lebensunterhalt aufwenden müssen. Im Rahmen der umlagefinanzierten Rentenversicherung müssen Familien durch einen Kinderbonus bei den Rentenbeiträgen entlastet werden, der ihre doppelte Leistung bei der Erfüllung des Generationenvertrags besser anerkennt: Eltern zahlen nicht nur selbst Beiträge, sie ziehen auch die nächste Generation von Beitragszahlern mit auf.

Der drastische Anstieg der Immobilienpreise und Mietkosten in den Großstädten und Ballungsräumen trifft Familien und insbesondere die Mittelschicht besonders hart. Gerade an diesem Beispiel wird deutlich, dass sozialpolitische Fragen letzten Endes nur gesamtwirtschaftlich betrachtet und gelöst werden können. Wer sozialistischen Denkschablonen folgt und die hohen Mieten und Immobilienpreise allein „Spekulanten" und „Miethaien" anlastet, macht es sich zu einfach. Denn auch deren Treiben, das es zweifellos gibt, wäre nicht möglich ohne politische Weichenstellungen und Fehlentscheidungen, die gravierende Auswirkungen auf den Wohnungsmarkt haben.

Erster Preistreiber ist die Euro-„Rettungs"-Politik, die seit einem Jahrzehnt die Geldmärkte mit Liquidität flutet. Null- und Niedrigzinsen für klassische Anleihen bei gleichzeitig hohem Liquiditätsangebot lassen Anleger auf die Immobilien- und Aktienmärkte ausweichen. Das treibt die Preise und lässt neue Spekulationsblasen entstehen. Die Geldschwemme der EZB ergießt sich vor allem in die Krisenstaaten des Südens. Von dort flüchtet das Kapital nach Norden, vor allem in die im internationalen Vergleich lange Zeit günstig bewerteten deutschen Immobilienmärkte, wo potente Anleger aus Griechenland, Italien und anderen Ländern, die den ersten Zugriff auf das frisch geschaffene „Fiat"-Geld haben, Zuflucht vor den Folgen eines möglichen Euro-Crashs suchen. Weitere Kostentreiber sind die hohen Grundsteuern und Grunderwerbsteuern, mit denen Kommunen und Länder ihre Engpässe zu beheben versuchen, und eine Vielzahl von rigiden Bauvorschriften, Umwelt- und Energieeinsparvorschriften, mit denen die Staatsbürokratie Lobbyinteressen bedient und die Baukosten nach oben treibt. Am Ende landen auch diese Kostensteigerungen wieder beim Mieter. Und nicht zuletzt treibt die Asylzuwanderung von weit über einer Million Menschen binnen nur weniger Jahre die Konkurrenz vor allem um günstigen Wohnraum in die Höhe. Wenn Ämter mit dem Geld des Steuerzahlers im Rücken den knappen Markt nach Wohnungen für die von ihnen zu versorgenden Zuwanderer durchkämmen, haben private Nachfrager allzu häufig das Nachsehen.

Die ordnungspolitische Lösung für die soziale Schieflage auf dem Wohnungsmarkt liegt damit auf der Hand: Ausstieg aus dem Euro-Experiment, das die Mittelschicht durch Umverteilung von unten nach oben verarmen lässt, und Rückkehr zu solider Währungspolitik; Entbürokratisierung und Deregulierung des über jedes vernünftige Maß und Ziel hinausgewucherten Vorschriftenwaldes; und schließlich strikte Einwanderungssteuerung statt planloser Multikulturalisierung, in der die üppigen Einnahmeüberschüsse des Hochsteuerstaats nutzlos oder gar kontraproduktiv versickern.

Stattdessen überbietet sich die etablierte Politik mit unausgegorenen Vorschlägen für „bezahlbaren Wohnraum", denen sämtlich eines gemeinsam ist – ihre Herkunft aus dem Geist des Steuer- und Umverteilungsstaats, der den einen wegnimmt, um den anderen zu geben, und in das Wirtschaftsgeschehen eingreift, um Symptome zu kurieren anstatt politische Fehlentscheidungen zu korrigieren, die die Schieflage erst herbeigeführt haben. Die einen fordern mehr „sozialen Wohnungsbau" mit dem Staat als Unternehmer, ohne die Hürden und Hemmnisse zu beseitigen, die private Bauherren davon abschrecken, die steigende Nachfrage marktwirtschaftlich mit effektiverem Einsatz zu befriedigen. Im rot-rot-grünen Berlin ist es inzwischen sogar so weit, dass privater Wohnungsbau durch Nichterteilen von Baugenehmigungen aktiv sabotiert wird. Ein anderes Rezept sieht höhere Mietzuschüsse und mehr Wohngeldzahlungen vor, die die Zahl der Leistungsempfänger und Sozialstaatsabhängigen vergrößern. Andere wollen gegen „Spekulanten" kämpfen und treffen private Eigentümer, auch solche, die vielleicht nur eine oder wenige Mietimmobilien zur Altersvorsorge erworben haben.

Ungebrochener Beliebtheit erfreut sich die „Mietpreisbremse" oder der „Mietpreisstopp", ein Klassiker der sozialistischen Planwirtschaft. Erfunden wurde der Mietenstopp 1936, als die Nationalsozialisten die Folgen ihrer Politik steigender Staatsausgaben über verschleierte Neuverschuldung einzudämmen versuchten. Auf dem Gebiet der „DDR“ wurde die Politik der auf dem Vorkriegsstand zwangsweise eingefrorenen Mieten nahtlos fortgesetzt. Die Mieten blieben „sozial“ billig, aber die Erträge der Objekte reichten nicht einmal für den Erhalt der Substanz, geschweige denn für Modernisierungen. Wer als Hauseigentümer nicht enteignet worden war, gab häufig auf, weil der Unterhalt nicht zu finanzieren war. Der Staat steckte aber auch kein Geld hinein. Das Ergebnis ist bekannt: 1990 war die „DDR“ bankrott und die Bausubstanz großflächig heruntergewirtschaftet.

Deutschland ist, auch als Folge der Verwerfungen des 20. Jahrhunderts, ein Land der Mieter. Weniger als die Hälfte der Einwohner lebt in den eigenen vier Wänden. Das ist ein wesentlicher Grund dafür, dass das Durchschnittsvermögen der deutschen Haushalte hinter dem in anderen europäischen Ländern hinterherhinkt. Mehr Deutschen den Erwerb einer eigenen Immobilie zu ermöglichen sollte daher ein wesentliches wirtschaftspolitisches Ziel sein, schon um Armutsrisiken zu begrenzen. Der etablierten Politik fallen auch hier wieder vor allem Umverteilungsmaßnahmen ein. Subventionen wie Baukindergeld oder Eigenheimzulage verpuffen allerdings zum großen Teil ohne bleibenden Effekt, weil sie die Preise zusätzlich treiben. Am effektivsten erweitert der Staat den finanziellen Spielraum seiner Bürger, wenn er Steuern senkt oder abschafft, beispielsweise die Grunderwerbsteuer, und auf überzogene bürokratische Eingriffe und Vorschriften verzichtet. Was die Lage in den Ballungsräumen angeht, wäre es sinnvoller gewesen, bei den zahlreichen Privatisierungen von Wohnungsgesellschaften der Kommunen und Staatsbetriebe die Wohnungsbestände zu Vorzugskonditionen an Bürger und bisherige Mieter abzugeben. Die osteuropäischen Reformstaaten sind nach dem Ende des Kommunismus diesen Weg gegangen, nicht zuletzt, um die Härten des Transformationsprozesses für ihre Bürger zu mildern. Deutschlands Kommunen zogen es dagegen vor, mit Verkäufen an Investorengesellschaften schnelles Geld in die Stadtkasse zu bekommen, um mehr Mittel verteilen oder auch

Schulden tilgen zu können, statt weiter in die Zukunft zu schauen und die Vermögenskraft ihrer Bürger zu stärken.

Die politischen Verirrungen, die Deutschland in vielen Bereichen immer weiter in Richtung Plan- und Staatswirtschaft drängen, sind in der Tat besorgniserregend. Politiker lieben es, unproduktive Arbeitsplätze auf Kosten der Steuerzahler zu schaffen, um die süße Macht des Stellenverteilens an abhängige Klientelgruppen zu genießen. Man braucht nur zuzuhören, wie eine grüne Wirtschaftssenatorin von der „zunehmenden Bedeutung der nicht-gewinnorientierten Ökonomie in Berlin" schwärmt, um zu wissen, was in unserem Lande schiefläuft. Der Weg zu mehr Wachstum und Produktivität ist lang und steinig. Auf dem Wegweiser steht: weniger Bürokratie, Gängelung und Staatseinmischung – mehr Wettbewerb, Freiheit und Eigentum. Ludwig Erhard wusste: Je freier die Wirtschaft, desto sozialer ist sie auch.

## Die Herrschaft des Rechts wiederherstellen

Politische und ökonomische Freiheit sind voneinander nicht zu trennen. Voraussetzung für beide ist strikte und unbedingte Rechtsstaatlichkeit. Recht und Gesetz müssen für alle gelten, für den einzelnen Bürger ebenso wie für diejenigen, die Macht ausüben, und für die staatlichen Institutionen. Es muss alle in gleicher Weise binden und es muss auf alle in gleicher Weise angewandt werden. Staatliches Handeln hat sich hierbei darauf zu beschränken, allgemeine Regeln aufzustellen und durchzusetzen, und sich nicht in jeder Detailfrage in das Leben und Handeln seiner Bürger einzumischen. „Herrschaft des Rechts" nennt Friedrich August von Hayek diese Form der Ordnung des Staates und er unterstreicht: „Gleichheit der allgemeinen Gesetzes- und Verhaltensregeln" sei „die einzige Art von Gleichheit, die der Freiheit förderlich ist, und die einzige Gleichheit, die wir ohne Zerstörung der Freiheit sichern können".

Um die Rechtsstaatlichkeit, die in dieser Definition ideal beschrieben wird, ist es in Deutschland derzeit nicht gut bestellt. Horst Seehofer beschrieb den systematischen und anhaltenden Rechtsbruch in der Migrationskrise als „Herrschaft des Unrechts". Das ist zutreffend, auch wenn ihm letztlich stets der Mut fehlte, sich dem auch entgegenzustellen, und er den Rechtsbruch all die Jahre ebenso wie seine Partei immer mitgetragen hat. Der Staatsrechtler Ulrich Vosgerau, der den Begriff geprägt hat, hat in seinem gleichnamigen Buch und in der Klage vor dem Bundesverfassungsgericht, die er namens der AfD-Fraktion im Deutschen Bundestag erstellt hat, diese „Herrschaft des Unrechts" erschöpfend dargestellt. Fakt ist: Nach dem Buchstaben des Asylartikels 16a GG hätte kein Asylsuchender, der auf dem Landweg über sichere Drittstaaten die deutsche Grenze erreicht, Anspruch auf ein Asylverfahren. Das trifft auf so gut wie alle seit 2015 aufgenommenen Asylbewerber zu. Illegaler Grenzübertritt ist und bleibt ein Delikt, auch und gerade wenn die Bundespolizei in fragwürdiger Weise angewiesen wurde, ihn nicht zu unterbinden. „Die rechtsstaatliche Ordnung in der Bundesrepublik ist in diesem Bereich ... außer Kraft gesetzt", und zwar seit September 2015, urteilte das Oberverwaltungsgericht Koblenz am 14. Februar 2017. Bundeskanzlerin Merkel habe mit ihrer Weigerung, die deutschen Grenzen effektiv zu schützen, ihre Kompetenzen überschritten und eine Souveränitätspflicht verletzt, stellt der Verfassungsrechtler Rupert Scholz fest. Und der frühere Präsident des nordrhein-westfälischen Verfassungsgerichtshofs Michael Bertrams kritisiert den Alleingang der Kanzlerin, Hunderttausende Migranten mit entsprechenden Auswirkungen auf den Bundeshaushalt aufzunehmen, ohne den budgetrechtlich zuständigen Bundestag zu konsultieren, als einen „Akt der Selbstermächtigung".

Die Diagnose „Herrschaft des Unrechts" lässt sich auch auf andere Politikbereiche übertragen. Von den fortdauernden Rechtsbrüchen im Zusammenhang mit der Euro-„Rettung" oder der „Energiewende" und dem damit verbundenen willkürlichen und einseitigen Bruch von Vereinbarungen beispielsweise beim Atomausstieg war bereits an anderer Stelle die Rede. Unterminiert wird der Rechtsstaat aber nicht minder durch Willkür und einseitige Anwendung oder Nichtanwendung von Recht und Gesetz. Gerade dem pflichtbewussten und rechtlich denkenden Staatsbürger bleibt es nicht verborgen, wenn mit zweierlei Maß gemessen wird und für einzelne Bevölkerungsgruppen verschiedenerlei Sonderrecht zur Anwendung kommt.

Es ist nicht in Ordnung, wenn beim Normalbürger jedes Falschparken und jede Geschwindigkeitsübertretung sofort und scharf geahndet wird, sogenannte „Hausbesetzer" aber von der Staatsmacht über Jahre und Jahrzehnte geduldet und am Ende sogar anerkannt und subventioniert werden. Es empört den Gerechtigkeitssinn, wenn jeder Steuerrückstand und jeder Rundfunk-Zwangsbeitrag unbarmherzig eingetrieben wird, illegaler Grenzübertritt und Identitätsbetrug aber umstandslos mit Aufenthaltsrechten und Vollversorgung durch Sozialleistungen belohnt wird. Wer sich nach langem Arbeitsleben als Beitragszahler in Arbeitslosigkeit und Hartz-IV-Bezug wiederfindet und vor dem Amt akribisch seine Vermögensverhältnisse offenlegen muss, hat wenig Verständnis, wenn eine ukrainische Familie sich jahrelang als „Syrer" ausgeben kann, um auf Kosten des Steuerzahlers zu leben und medizinische Leistungen in Anspruch zu nehmen, und nach Auffliegen des Betrugs sogar noch Unterstützer findet, die für sie ein „Bleiberecht" einfordern. Wenn regierungs- oder migrationskritische Äußerungen als „Hassverbrechen" bestraft werden können, während Linksextremisten mit dem Segen höchster staatlicher Stellen ihre Hassbotschaften gegen Deutschland, seine Bürger und seine Hoheitsträger verbreiten können, sind die Perspektiven mehr als nur verrutscht. Ganz zu schweigen von der ungleichen Ahndung deutschen- und ausländerfeindlicher Taten, von Kulturrabatten vor Gericht für migrantische Straftäter und von Parallelgesellschaften und großstädtischen Clan-Territorien, in denen die Staatsmacht vorsorglich darauf verzichtet, allzu streng auf die Einhaltung geltender Regeln zu pochen. Beim rechtstreuen Bürger hingegen funktionieren Gewerbeaufsicht und Steuerprüfung und die Eintreibung von Parkknöllchen und Beitragsforderungen weiter reibungslos.

Dass die Herrschaft des Rechts aus dem Gleichgewicht geraten ist, liegt auch daran, dass Deutschland sich gleichzeitig zu viel und zu wenig Staat leistet, einen Staat, der zugleich zu stark und zu schwach ist. Zu viel Staat herrscht dort, wo von oben in das Alltagsleben der Bürger und in persönliche und wirtschaftliche Einzelentscheidungen hineinregiert wird. Zu schwach ist der deutsche Staat, wenn es um die Wahrnehmung von Kernaufgaben der Staatlichkeit geht: die Aufstellung und Durchsetzung einer allgemeinen und für alle verbindlichen Ordnung und die Gewährleistung der inneren und äußeren Sicherheit ohne Rückzüge und Ausnahmen.

Das hat wesentlich damit zu tun, dass die klassischen republikanischen Institutionen – Exekutive, Legislative und Judikative – geschwächt und überlagert sind durch ein undurchschaubares Geflecht neuer Instanzen, Einflussfaktoren und Lobbyorganisationen, welche die Teilung und wechselseitige Kontrolle der Gewalten partiell unterlaufen und sich tendenziell der unmittelbaren Verantwortung gegenüber dem demokratischen Souverän zu entziehen trachten. Problematisch ist die übermächtige Position der Parteien im politischen System der Bundesrepublik Deutschland. Aus dem grundgesetzlich verbrieften Auftrag der „Mitwirkung" an der politischen Willensbildung, der ursprünglich dazu gedacht war, Fehlentwicklungen der Weimarer Republik zu korrigieren, haben die etablierten Parteien ein Vorrecht abgeleitet, wesentliche gesellschaftliche Bereiche parteipolitisch zu durchdringen und dem Parteienproporz zu unterwerfen. Durch die Etablierung und permanente Ausweitung der direkten und indirekten staatlichen Parteienfinanzierung aus Steuergeldern haben sie sich zu machtvollen Apparaten entwickelt, an denen vorbei kaum noch relevante Entscheidungen getroffen werden können.

Soweit die klassischen Institutionen betroffen sind, wird dadurch die Gewaltenteilung partiell ausgehebelt: Legislative Entscheidungen verlagern sich von den formal nur ihrem Gewissen verpflichteten

Abgeordneten in Parteigremien, die nicht nur darüber bestimmen können, wer Zugriff auf Kandidaturen und Mandate bekommt, sondern auch in von der Verfassung nicht vorgesehenen informellen Gremien wie Koalitionsrunden oder Gipfeltreffen der Parteivorsitzenden parlamentarische Entscheidungen vorwegnehmen. Die parteipolitische Besetzung von Exekutivposten zieht sich von der Ebene der Spitzenbeamten immer tiefer in die Verwaltungsebenen hinab. Und schließlich wirkt sich die Besetzung hoher Richterposten durch wiederum parteipolitisch dominierte parlamentarische Gremien negativ auf die Unabhängigkeit der Judikative aus. Nicht zu vergessen die prekäre Situation des öffentlich-rechtlichen Rundfunks, der auf dem Papier unabhängig sein soll, aber nicht nur durch die Besetzung von Aufsichtsgremien und Führungspositionen „nach Parteibuch“, sondern auch durch die Abhängigkeit der von der Politik bewilligten üppigen Finanzierung in ungesunder Weise staats- beziehungsweise regierungsnah geworden ist.

Das Machtvakuum, das der schleichende Bedeutungsverlust der Parlamente bei der Repräsentanz des Bürgerwillens lässt, füllen zunehmend gesellschaftliche Lobbyisten. „Zivilgesellschaft“ ist ein weiteres „Wiesel-Wort“, das hier zum Tragen kommt. Dem ursprünglichen Sinn nach bezeichnet die Bürgergesellschaft die in einer demokratischen Republik konstitutive Selbstorganisation von Bürgern, die sich abseits staatlicher Strukturen für das Gemeinwesen engagieren. „Zivilgesellschaft“ ist aber spätestens seit Antonio Gramsci ein zentraler Begriff des Kulturmarxismus, der den Kampfplatz beschreiben soll, auf dem das Ringen um die der politischen Macht vorausgehende kulturelle Hegemonie und Diskurshoheit in der Gesellschaft entschieden wird. Ein wesentliches Instrument dieses Kampfes sind die sogenannten „Nichtregierungsorganisationen“, über die gesellschaftliche Minderheiten ideologisch und hypermoralisch begründeten Druck auf politische Weichenstellungen ausüben können.

„Nichtregierungsorganisation“ („Non-governmental organization“, NGO) ist dabei vielfach ein Tarnbegriff. Dass einflussreiche gesellschaftliche Lobbygruppen formal privatrechtlich organisiert sind, bedeutet noch lange nicht Staats- und Parteienferne. Klientel-Abhängigkeit entsteht insbesondere durch Verflechtungen mit anderen Lobbyisten, politische Seilschaften und Steuergeldflüsse. Mithilfe von „Nichtregierungsorganisationen“ lassen sich staatlich oder parteipolitisch erwünschte Aktivitäten ins Pseudo-Private auslagern, wo sie der institutionellen Kontrolle durch die demokratischen Gewalten entzogen sind: Internet-Zensur an die Amadeu-Antonio-Stiftung und ihre Ausgründungen, Propaganda gegen unerwünschte Meinungen und Parteien an „zivilgesellschaftliche“ Truppen, die sich dem „Kampf gegen rechts“ verschrieben haben, Gender-Agitation an „Räte“ und Lobbyvereine, die selbst gegründet oder als „Aufklärungs-Partner“ sogar an Schulen und Kindergärten geholt werden, „Klimaschutz“-Werbung und Anti-Auto-Kampagnen an großzügig bedachte Institute oder obskure Abmahnvereine wie die nicht nur aus Steuergeldern, sondern lange Zeit auch von einem ausländischen Konkurrenten der deutschen Automobilindustrie finanzierte „Deutsche Umwelthilfe“ – die Liste lässt sich beliebig verlängern.

Gesellschaftliche Macht durch unmittelbarer demokratischer Kontrolle entzogene politisch-gesellschaftliche Lobbygruppen zu sichern ist eine Methode der kulturmarxistischen Linken. Ihre Leitpartei, die Grünen, hat diese Machttechnik zur Perfektion entwickelt. Ihr weit über tatsächliche Wahlergebnisse hinausreichender Einfluss auf den Kurs der deutschen Politik erklärt sich wesentlich aus der konsequenten Ausnutzung jeder Regierungsbeteiligung zum weiteren Ausbau dieser informellen gesellschaftlichen Macht: durch Privilegierung und Durchsetzung staatlicher Förderung von immer neuen Lobby-Akteuren, aber auch durch den Ausbau vorhandener und die Schaffung neuer Bürokratien, die, zunehmend politisiert, sich in die Angelegenheiten der Bürger einmischen. Nicht nur die überdimensionierte Sozialbürokratie nimmt immer ungenierter politische Aufsichtsfunktionen über das Denken und Verhalten der Menschen für sich in Anspruch. Längst maßt sich auch die Bildungsbürokratie an, den Schulen und Bildungseinrichtungen nicht nur das Vermitteln von Wissen als unerlässliche Voraussetzung für das Bilden eigener Meinungen, sondern die Meinungen selbst als Auftrag vorzugeben. Das geschieht durch bewusste Uminterpretierung des Begriffs „Demokratie". „Demokratieerziehung" meint in diesem Kontext dann nicht mehr die zur staatsbürgerlichen Bildung gehörende Vermittlung von Wissen über die demokratische Ordnung und ihre Regeln, sondern das Einüben bestimmter Positionen, von „Antirassismus" über „Akzeptanz" von „Vielfalt" bis zum „Klimaschutz"-Glauben und die Ächtung abweichender Meinungen. Ganz so, wie sich auch im politischen Bereich die Sprachregelung ausgebreitet hat, unter „Demokratie" nicht die Spielregeln des politischen Wettbewerbs zu verstehen, sondern bestimmte Inhalte. Das liefert den Vorwand, demokratisch verfasste Konkurrenten, die andere Meinungen und Positionen vertreten, als „undemokratisch" und „populistisch" zu brandmarken und auf vielfältige Weise im politischen Wettbewerb zu benachteiligen.

Unter diesen Einflüssen ist der Staat sukzessive zum „Gegner seiner Bürger" geworden, wie Johannes Eisleben auf der „Achse des Guten" prägnant zusammenfasst: „Der Staat entzieht seinen Bürgern die Sicherheit der Energieversorgung. Der Staat enteignet sie über die Eurorettung rechtswidrig. Der Staat nimmt seinen Bürgern durch die unkontrollierte Einwanderung größtenteils nicht integrationsfähiger Migranten das Gemeingut öffentliche Sicherheit und enteignet die Bürger durch nicht zu rechtfertigende, rein konsumtive Transferleistungen für die Migranten – das Steueraufkommen kann nur einmal ausgegeben werden. Der Staat lässt die Infrastruktur verfallen, enteignet die Bürger durch legislative Entwertung ihrer Fahrzeuge und zerstört das Bildungssystem. Er nimmt den Bürgern ihr Grundrecht auf freie Meinungsäußerung und das Demonstrationsrecht."

Selbst massive Misstrauensvoten an der Wahlurne und in öffentlichen Meinungsäußerungen führen infolge dieser Strukturen informeller gesellschaftlicher Macht nicht zum politischen Kurswechsel, sondern zunächst zur Denunziation der Kritiker und zur

Rückkehr von Zensur, Willkür und Überwachungsstaat, weil die Verantwortlichen ihr Versagen nicht eingestehen wollen. „Haltung zeigen" gewinnt Vorrang vor rechtsstaatlichem und korrektem Handeln. Eine republikanische Reform zur Wiederherstellung der Herrschaft des Rechts muss daher tiefer ansetzen: bei der Ent-Parteipolitisierung der Institutionen und beim Kappen öffentlicher Geldströme, die in Gesinnungsbürokratien und gesellschaftliche Lobbygruppen fließen. Die Rede- und Meinungsfreiheit des Bürgers umfasst nämlich, in den Worten von Ayn Rand, „die Freiheit, nicht zuzustimmen, nicht zuzuhören und auch nicht die eigenen Gegenspieler finanzieren zu müssen".

Ein wichtiges Korrektiv in diesem Reformprozess ist die Stärkung der direkten Demokratie. Wenn wichtige Entscheidungen von allen Bürgern getroffen werden müssen, zwingt das zu maximaler Transparenz und Öffentlichkeit und ist ein wirksames Gegenmittel gegen Hinterzimmerpolitik und Geheimdiplomatie. Je größer der direkte Einfluss der Bürger auf Wahlen und Personalentscheidungen, desto geringer die Macht und die Privilegien der Parteienapparate. Und wenn das, was den Souverän als Ganzes angeht – sei es die Einführung einer Währungsunion mit allen fiskalischen Folgen oder aktuell der „Migrationspakt" der Vereinten Nationen –, auch von allen entschieden und gebilligt werden muss, lehrt das die Mächtigen Demut vor dem Souverän und ist das beste Gegengift gegen die „moralisierende Herrenreiter-Attitüde gegen Andersdenkende", die *Weltwoche*-Chefredakteur Roger Köppel aus Schweizer Perspektive dem Nachwirken des „obrigkeitlichen Kommandostils" in der noch jungen deutschen Demokratie zuschreibt.

## Kriminalität und Staatsversagen

Auf einen außenstehenden Beobachter muss Deutschland wie eine verkehrte Welt mit grotesk verdrehten Prioritäten wirken: ein Staat, dessen überdimensioniert aufgeblähte Bürokratie sich akribisch damit beschäftigt, ob man den Bürgern, zu ihrem eigenen Besten natürlich, den Zuckergenuss rationieren und die Größe von Fertigpizzen vorschreiben soll, damit sie keine Gesundheitsschäden davontragen, in dem aber Frauen sich nicht mehr trauen, abends allein joggen zu gehen oder mit der U-Bahn zu fahren, und ältere Leute sich davor fürchten müssen, am helllichten Tag und auf offener Straße niedergerissen und ausgeraubt zu werden. Obwohl der deutsche Staat so viel Geld wie noch nie zur Verfügung hat und es auch mit vollen Händen ausgibt, scheitert er an einer seiner zentralen Aufgaben, nämlich der Herstellung und Aufrechterhaltung der öffentlichen Sicherheit: nach innen durch Bereitstellung ausreichender Polizeikräfte und konsequente Verhinderung und Ahndung von Straftaten – und nach außen durch Unterhaltung voll einsatzbereiter Streitkräfte mit der Fähigkeit zur Landesverteidigung und zur Wahrung nationaler Interessen durch völkerrechtskonforme Einsätze im Ausland.

Den Polizeibeamten und Soldaten ist dabei am wenigsten ein Vorwurf zu machen. Sie leisten in aufopferungsvollem Einsatz Bewundernswertes, um auch unter widrigsten Umständen ihre Pflicht zu erfüllen und die Bürger vor inneren und äußeren Gefahren zu schützen. Soldaten müssen dabei ertragen, dass sie nicht nur von der notorisch militärfeindlichen politischen Linken, sondern sogar von der eigenen Ministerin verunglimpft und unter Pauschalverdacht gestellt werden, wenn es politisch opportun erscheint, ihr Einsatz und ihr Opfer im Alltag verschämt versteckt und verschwiegen und ihnen die öffentliche und gesellschaftliche Anerkennung versagt wird. Und Polizeibeamte müssen sich in härtesten Einsätzen der enthemmten, schwerste oder gar tödliche Verletzungen in Kauf nehmenden Gewalt organisierter Linksextremisten stellen, die unter dem Vorwand von Globalisierungs-, Umwelt- oder „Gegen rechts“-Protesten den Bürgerkrieg proben, ohne in den allermeisten Fällen ernsthafte Strafe fürchten zu müssen. Im linksgrünen politischen Spektrum, aber auch in Teilen der Medien, genießen Gewalttäter mit der „richtigen Gesinnung“ viel zu oft klammheimliche oder auch unverhohlene Sympathie. Auch das Sortieren von Tätern nach Gesinnung untergräbt den Rechtsstaat und erschwert die Durchsetzung des staatlichen Gewaltmonopols.

Es ist die Folge massiver und fortdauernder politischer Fehlentscheidungen und Fehlsteuerungen, dass Armee und Sicherheitskräfte zunehmend weniger in der Lage sind, ihren Auftrag so zu erfüllen, wie es ihrem eigenen Berufsethos entspricht. Zu kritisieren sind allenfalls jene unter den höheren Verantwortungsträgern von Polizei und Streitkräften, die sich an der Verschleierung und Beschönigung der kritischen Lage beteiligt und wider besseres Wissen politische Vorgaben zu „Deeskalations"-Strategien und zum substanzgefährdenden Kaputtsparen widerspruchslos mitgetragen haben, weil ihnen offenbar ihr Parteibuch und ihre eigene Karriere wichtiger waren als die gebotene Fürsorge für ihre Untergebenen. Die parteipolitische Durchdringung der Institutionen macht auch vor jenen Instanzen nicht halt, die für die Aufrechterhaltung des staatlichen Gewaltmonopols nach innen und außen zuständig sind, und zeitigt gerade in diesem Bereich besonders fatale Folgen.

An Warnungen und Gegenvorschlägen, um erkannte Fehlentwicklungen zu korrigieren, hat es nicht gefehlt. Die Fraktion der Alternative für Deutschland hat im Deutschen Bundestag seit ihrem Bestehen eine Vielzahl von Gesetzesentwürfen und Anträgen eingebracht, um rechtliche Lücken zu schließen und Mängel im Strafrecht oder im polizeilichen und juristischen Handeln abzustellen. Die etablierten Parteien haben eine ernsthafte Debatte regelmäßig verweigert und die Initiativen pauschal abgewiesen. Der sogenannte „Fall Maaßen" hat an den Tag gebracht, dass selbst verdiente Spitzenbeamte nicht vor Sanktionen sicher sind, wenn sie es wagen, politisch vorgegebenen Sprachregelungen zu widersprechen und unbequeme Fakten beim Namen zu nennen. Besorgniserregend ist die Beratungsresistenz der etablierten Politik gegenüber der Expertise von Fachleuten, die gut begründete Alternativen zum Regierungshandeln aufzeigen.

Dass die Kanzlerin und ihr Sprecher bei der Beurteilung einer regierungskritischen Kundgebung dubiosen linksextremen „Antifa"-Quellen offenkundig mehr vertrauen als dem Urteil des für Extremismus- und Terrorabwehr zuständigen Verfassungsschutzpräsidenten, war ein besonders eklatantes Symptom regierungsamtlicher Realitätsverweigerung. Wie sehr die Maßstäbe verschoben sind, zeigen auch die im September 2018 aufgenommenen Ermittlungen gegen Bundespolizei-Chef Dieter Romann wegen „Freiheitsberaubung". Romann, wie Maaßen ein früher und hartnäckiger Kritiker der Politik der offenen Grenzen, hatte den mutmaßlichen Mörder der erstochenen Wiesbadenerin Susanne F. in Abstimmung mit den dortigen Behörden aus Irakisch-Kurdistan zurück- und der Strafverfolgung in Deutschland zugeführt, nachdem der Mann, der unter falschem Namen in Deutschland lebte, trotz Tatverdachts mit seinen richtigen Papieren unbehelligt ausreisen konnte. Wo in diesem Fall der wahre Skandal liegt, sollte eigentlich außer Frage stehen.

Durch die Zuspitzung der Migrationskrise seit dem Sommer 2015 hat sich die Kriminalitätsbelastung in Deutschland deutlich erhöht und die Sicherheitslage unübersehbar verschlechtert. Alles andere wäre auch eine Überraschung, wenn eine Regierung es zulässt, dass Hunderttausende meist junger Männer, die überwiegend in gewaltaffinen und westliche Werte geringschätzenden Kulturen sozialisiert wurden, unkontrolliert ins Land strömen. Davon können auch durchsichtige Bemühungen aus Politik, Medien und Lobbyistenkreisen nicht ablenken, die diese Tatsache nach Kräften aus dem öffentlichen Bewusstsein und dem gesellschaftlichen Diskurs herauszuhalten versuchen: durch Leugnen und Relativieren, durch ungleichgewichtige, verharmlosende und entscheidende Fakten weglassende Berichterstattung, durch Diffamierung und Kriminalisierung von Protesten und Unmutsbekundungen und nicht zuletzt durch Aufrechnen und schiefe Vergleiche mit Kriminalität und Extremismus einheimischer Bürger.

Soweit die Kriminalstatistiken dazu herangezogen werden, den Hinweis auf gestiegene Ausländer- und Zuwandererkriminalität als „Fake News" zu brandmarken, handelt es sich selbst um „Fake News". Dass die Mehrheit der Zuwanderer nicht kriminell sei, ist eine Banalität, die erst recht auf die Mehrheit der Einheimischen zutrifft. Der bei Vorstellung der Polizeilichen Kriminalstatistik (PKS) für 2017 gefeierte statistische Rückgang der Kriminalität bezog sich bei näherem Hinsehen vor allem auf einen gesunkenen Anteil von Eigentumsdelikten. Gerade dort ist allerdings das Dunkelfeld besonders groß, die Mehrzahl der Delikte wird gar nicht mehr erfasst. Das Kölner Handelsforschungsinstitut EHI schätzt, dass bei Ladendiebstählen nur noch jeder 70. zur Anzeige kommt. Wenn Bürger resignieren und gar nicht mehr zur Polizei gehen, weil Anzeigen als zwecklose Zeitverschwendung erscheinen, wenn aufgrund der Überlastung der Behörden der Berg der nicht bearbeiteten Fälle stetig wächst, die gar nicht in die Statistik einfließen können, widerlegt das nicht den Verdacht wachsenden Staatsversagens, sondern bestätigt ihn. Würden, als Gedankenexperiment, Polizei und Justiz die Arbeit ganz einstellen, keine Kontrollen mehr durchführen, keine Anzeigen aufnehmen und keine Anklagen mehr erheben, gäbe es in der Statistik auch keine Verbrechen mehr. Sicherer wäre das Land dadurch garantiert nicht geworden.

Aussagekräftiger als absolute Fallzahlen sind ohnehin die Zahlen der Tatverdächtigen in Relation zum Bevölkerungsanteil. Und da sind Ausländer dreieinhalbmal und Zuwanderer, also Asyl-Migranten im weitesten Sinne, laut Kriminalstatistik für 2016 bezogen auf Tatverdächtige pro 100.000 Einwohner sogar siebenmal höher kriminalitätsbelastet als deutsche Staatsbürger. Bei Gewaltkriminalität, gefährlicher und schwerer Körperverletzung, sexuellen Nötigungen und Vergewaltigungen liegt der Faktor bei 15. Nicht berücksichtigt ist, dass die deutsche Einbürgerungspraxis und die trotz jahrzehntelanger Diskussion noch immer nicht umgesetzte Erfassung des „Migrationshintergrunds" in der Kriminalstatistik dazu führt, dass ein Teil der Migrantenkriminalität der Rubrik „Deutsche" zugeschlagen wird.

Die seit 2015 zusätzlich importierten Kriminalitätspotenziale sind auf eine Situation getroffen, die schon vorher nicht rosig war. Es gab auch vorher schon „No-go-Areas“ und „gefährliche Orte“ in den Städten, in denen die Polizei nur mit massivem Kräfteeinsatz überhaupt auftreten kann und die von den Bürgern vorsorglich eher gemieden werden. Es gibt schon seit Jahrzehnten organisierte Clan-Kriminalität mit kriminellen Parallelstrukturen, die sich der deutschen Staatsmacht entziehen und von überforderten Ordnungskräften und eingeschüchterter Justiz faktisch geduldet wurden. Die „Großfamilien“, die in zahlreichen Städten einen Staat im Staate bilden, sind vielfach seit den 80er-Jahren als Asylbewerber eingewandert, konnten ihren Aufenthaltsstatus verfestigen, Familienmitglieder nachholen und vielfach die deutsche Staatsbürgerschaft erwerben. Man ahnt, welche Zeitbombe in der aktuellen Migrationskrise tickt, wenn noch nicht einmal die Folgen der vorangegangenen Einwanderungswellen verdaut sind.

Wenn Migranten mit einer Einstellung zu Kriminalität und Gewalt, die von der unseren mitunter signifikant abweicht, auf eine im Kern pazifizierte Gesellschaft treffen, ergibt sich eine explosive Gemengelage. Wer harte Hand und Autorität als Normalfall kennt, versteht eine deeskalierende und auf stoische Hinnahme von Provokationen getrimmte Polizei und eine nachsichtige Justiz, die unter äußerster Ausnutzung aller Spielräume des Jugendstrafrechts nachsichtig zugunsten der Angeklagten urteilt, nicht als Abschreckung, sondern als Ermunterung. Das war schon vor 2015 so. Durch die seither anhaltende Zuwanderungswelle hat sich die Sicherheitslage aber auch flächendeckend verschlechtert, was inzwischen auch auf selbst ehedem beschauliche Dörfer und Kleinstädte zutrifft. Neue, vorher unbekannte Kriminalitätsformen sind hinzugekommen: Messergewalt, sexuelle Massenbelästigung, brutale Gruppenvergewaltigungen. Selbst Krankenschwestern, Feuerwehrleute und Notärzte müssen routinemäßig damit rechnen, aus einer Meute heraus angegriffen zu werden, wenn sie ihren Dienst am Mitmenschen versehen. Und immer wieder heißt es, fast schon stereotyp: Die Täter waren polizeibekannt, sind schon durch einen ganzen Katalog von Straftaten aufgefallen, sie sind illegal eingewandert und hätten auch schon lange abgeschoben werden können, aber nichts dergleichen ist geschehen. Kommt es zur Verurteilung, machen nur allzu oft unbegreiflich milde Urteile die Geschädigten noch einmal zum Opfer.

Was diese Situation im Bewusstsein gerade jener Bürger anrichtet, die rechtstreu denken und den Staat am Laufen halten, lässt sich nicht dramatisch genug ausmalen. Die Bürger sind im Recht, wenn sie die fortschreitende Zerstörung des hohen Guts der öffentlichen Sicherheit konstatieren. Zur in nüchternen Zahlen erfassten und offiziell registrierten Kriminalität kommen jene Faktoren, die für die betroffenen Bürger an den Brennpunkten das Alltagsleben zum permanenten Ausnahmezustand machen: Furcht vor Bedrohung und Gewalt, Pöbeleien, Beschimpfungen und aggressive Verletzungen der öffentlichen Ordnung, vor der sie keine Polizei wirksam beschützen kann – und sie selbst sich ebenfalls nicht, weil die auch im europäischen Vergleich außerordentlich strengen deutschen Waffengesetze zwar die unbescholtenen Bürger weitgehend entwaffnet haben, aber eben nicht die Kriminellen.

Wenn man die Probleme nur nicht benennt, werden sie schon verschwinden, lautet ein weitverbreiteter politischer Kinderglaube. Ein Beispiel von vielen für diese abgehobene Realitätsferne ist die Empfehlung, die Dr. Rita Haverkamp, Professorin für Kriminalprävention in Tübingen, Ende 2017 auf einer Grünen-Veranstaltung aussprach: Man solle das Vertrauen der Bürger in die Handlungsfähigkeit des Rechtsstaats und das verlorene Sicherheitsgefühl mit „gebremster Kommunikation" über kriminelle Übergriffe von Zuwanderern wiederherstellen.

Aber wohlfeile Ratschläge und die Auskunft, dass nun mal „in einer offenen Gesellschaft nicht jedes Delikt zu verhindern" sei, lassen keinen Bürger ruhiger schlafen. Erst recht deplatziert ist die Ansage ebenjener Professorin, aber auch des damaligen Bundesjustizministers Heiko Maas (SPD), es gebe „kein Grundrecht auf Sicherheit". Denn selbstverständlich können die Bürger aus dem

Gewaltmonopol, das sie dem Staat übertragen haben, einen Anspruch auf Schutz und Sicherheit im Gegenzug für ihren Verzicht auf private Gewaltausübung erwarten. Das ist nicht nur eine, es ist *die* zentrale Verpflichtung der Staatsgewalt, die ihre Existenz erst legitimiert.

Damit eine freie Gesellschaft funktionieren kann, muss das Monopol auf Zwangsausübung beim Staat liegen und eng an das Recht gebunden sein. Gibt es konkurrierende Institutionen, die die Gewalt haben, ihre Interessen und Regeln mit Zwang durchzusetzen, gibt es kein allgemeines und für alle verbindliches Regelwerk und damit keine Rechtsstaatlichkeit mehr. Für Friedrich August von Hayek „fordert eine freie Gesellschaft nicht nur, dass der Staat das Monopol auf Zwangsausübung hat, sondern auch, dass er kein anderes Monopol als das der Zwangsausübung hat“. Versagt der Staat bei der Aufrechterhaltung und Durchsetzung seines Gewaltmonopols, versagt also der Staat als Ganzes.

Die Folgen können unabsehbar sein. „Die Verpflichtung der Bürger gegen den Oberherrn kann nur so lange dauern, als derselbe imstande ist, die Bürger zu schützen; denn das natürliche Recht der Menschen, sich selbst zu schützen, im Fall dies kein anderer tun kann, wird durch keinen Vertrag vernichtet“, schreibt Thomas Hobbes im „Leviathan“. Erfüllt der Staat diese Verpflichtung nicht und lässt er diejenigen, die sein Gewaltmonopol herausfordern, ungestraft davonkommen, droht die Privatisierung von Gewalt: Sicherheit wird dann zum Privileg der wenigen, die sich aus eigenen Mitteln Sicherheit kaufen können, sich mit Leibwächtern umgeben oder in „gated communities“ zurückziehen können, Hochsicherheitssiedlungen für Wohlhabende wie in Südafrika oder Südamerika. Die anderen wären dem Faustrecht des Stärkeren ausgeliefert. Eine der wichtigsten Errungenschaften der Neuzeit, der allgemeine Landfriede, ginge so verloren.

Nicht minder beunruhigend ist das andere Extrem: dass die prekäre Sicherheitslage missbraucht wird, um sämtliche Einwohner unter Generalverdacht zu stellen, mit Repression und Überwachung zu überziehen und den Staat totalitär umzubauen. Der Polizei- und Überwachungsstaat wäre dann die letzte Option, um eine auseinanderfallende „multikulturelle Gesellschaft“ zusammenzuhalten. Freiheitliche Politik, die weder das eine noch das andere Extrem in Kauf nehmen will, muss der Wiederherstellung der inneren Sicherheit durch konsequente Anwendung der Regeln und Gesetze oberste Priorität geben.

## Freiheit oder Islamisierung

Die wohl erschütterndste Folge des staatlichen Kontrollverlusts im öffentlichen Raum ist die sowohl nach Fallzahlen als auch nach der räumlichen Ausbreitung stark angestiegene sexuelle Gewalt gegen Frauen und Mädchen. Obszöne Beleidigungen und Grapschereien, sexuelle Belästigungen und Bedrängen, gewalttätige Übergriffe, Überfälle, versuchte und vollendete Vergewaltigungen: Das Sicherheitsgefühl vieler Frauen und Mädchen ist zerstört. Es kann am helllichten Tag geschehen oder in der Dunkelheit, beim Spazierengehen, Joggen oder Radfahren, in Parks, auf öffentlichen Wegen oder mitten im belebten Viertel, in Ballungsräumen, Dörfern oder Kleinstädten, im Schwimmbad oder in öffentlichen Verkehrsmitteln. In Familien, unter Freundinnen und Mitschülerinnen ist es ein Thema, wo man wann und wie ohne schützende Begleitung überhaupt noch hingehen kann.

Die Angst ist da, auch wenn allzu viele dieser Vorfälle allenfalls lokal den Weg in die Medien finden oder überhaupt nicht öffentlich werden. Auch Belästigungen und Übergriffe, die unterhalb der strafrechtlichen Schwelle stattfinden, machen das Sicherheitsempfinden im öffentlichen Raum zunichte. Die Täter bleiben allzu oft auf der Straße: Sie werden gar nicht erst ergriffen, werden gleich wieder auf freien Fuß gesetzt oder haben, wenn es denn einmal zu Anklage und Prozess kommt, viel zu häufig nur lächerlich geringe Strafen zu erwarten.

Die Täter sind in ihrer erdrückenden Mehrzahl junge Männer aus dem nordafrikanischen und orientalischen, kurz gesagt, aus dem muslimischen Kulturkreis. In den letzten Jahren im Zuge der Migrationskrise eingereist, mit Falschangaben als „minderjährig" den Aufenthalt erschlichen, „polizeibekannt" und bereits durch Straftaten oder als gewalttätig aufgefallen, trotz abgelehnten Asylantrags nicht abgeschoben und auch nicht in Haft genommen – auf die meisten Täterbeschreibungen, so sie denn an die Öffentlichkeit dringen, treffen mehrere oder auch alle diese wiederkehrenden Merkmale zu. Fakt ist: Ohne den hunderttausendfachen Zustrom muslimischer Migranten in den letzten Jahren wären zahllosen Frauen und Mädchen Belästigung, Missbrauch und Misshandlung erspart geblieben. Ohne diesen Ansturm, der zuletzt vielleicht gebremst, aber keineswegs abgestellt wurde, könnten auch Maria aus Freiburg, Mia aus Kandel, Mireille aus Flensburg, Susanna aus Mainz und viele andere, die von jungen Männern, die als „Asylbewerber" ins Land gekommen waren, wie Vieh behandelt und ermordet worden sind, noch leben.

Diese Tatsache lässt sich nicht durch den Hinweis auf vermeintlich „soziale" Ursachen von Kriminalität und Gewalt relativieren, und auch nicht durch eine behauptete höhere Kriminalitätsanfälligkeit junger Männer im Allgemeinen. Das letztere Argument wird schon durch den Blick auf entsprechende Vergleichsgruppen unter Autochthonen, europäischen oder ostasiatischen Migranten widerlegt, die solche Auffälligkeiten nicht aufweisen. Natürlich ist nicht jeder junge muslimische Migrant ein potenzieller Krimineller, Mörder oder Vergewaltiger. Die Feststellung, dass die Mehrheit der Migranten, auch der islamischen, friedlich und nicht kriminell sei, ist so banal und selbstverständlich, dass sie sich im Grunde erübrigt. Das Nicht-Argument schafft die statistisch belegte deutlich höhere Kriminalitätsbelastung von Asyl-Zuwanderern bei Sexualdelikten gegenüber anderen Ausländern und Einheimischen nicht aus der Welt.

Diese Tatsache wiederum ist vom kulturellen Hintergrund der mehrheitlich muslimischen Asyl-Zuwanderer nicht zu trennen. Die jungen Männer aus Pakistan und Syrien, aus Afghanistan, dem Irak und Nordafrika lassen ihre Prägung durch den Islam und durch islamisch überlagerte vormoderne Stammeskulturen nicht an den deutschen und europäischen Grenzen zurück, die sie illegal und mit der Absicht überschreiten, dauerhaft zu bleiben. Geringschätzung, ja Verachtung von Frauen, die als Besitz und Verfügungsmasse des Mannes oder der Sippe betrachtet werden, ist fester Bestandteil dieser Prägung. Der Islam ist eben keine Religion wie das Christentum, nur mit etwas anderen Ritualen. Es ist eine Religion der Knechtschaft und der Unterwerfung, der Unterdrückung „Ungläubiger" und der Entrechtung von Frauen, die erst recht als wertlos erachtet werden, wenn sie auch noch „ungläubig" sind.

Hamed Abdel-Samad unterstreicht in seinem Buch über den „islamischen Faschismus" nachdrücklich die Besessenheit des Islam von der Sexualität, und zwar der Sexualität des Mannes. Diese Besessenheit äußert sich nicht nur im buchstäblichen Verschwindenlassen von Frauen aus der Öffentlichkeit außerhalb des häuslichen Lebensbereichs durch mehr oder minder weitgehende Verhüllung, weil ja schon das Zeigen einer Haarsträhne „schamlos" sei und männliches Begehren wecken könne. Anschaulich beschreibt Abdel-Samad, wie in der islamischen Überlieferung „Sex als Mittel des Dschihad" allgegenwärtig ist. Wenn Mohammed erobert, sollen die Männer der „ungläubigen" Feinde vernichtet und ihre Frauen genommen werden. Nicht nur um die Besiegten noch weiter zu erniedrigen, sondern vor allem, um den Islam weiter fortzupflanzen.

Man könnte das als historisch erledigte Beschreibungen von Exzessen betrachten, die für unsere Zeiten nicht mehr relevant sind. Frauen als Kriegsbeute zu betrachten war in jenen Zeiten schließlich auch in anderen Teilen der Welt alles andere als unüblich. Doch leider steht der Islam selbst der Historisierung seiner Schriften im Wege. Für überzeugte Muslime ist die Überlieferung in Koran und Hadithen unhinterfragbar; Strenggläubige nehmen sie noch heute als wörtliche Handlungsanweisung. Wenn Dschihadisten des „Islamischen Staats" oder andere militante Islamisten in Irak und Syrien christliche oder jesidische Dörfer überfallen, die Männer töten und

Frauen und Mädchen vergewaltigen und in die Sex-Sklaverei verkaufen, rechtfertigen sie auch diese Verbrechen als gute Tat im Dienste eines Gottes, der ihnen selbst im Fall des „Märtyrer"-Tods noch sexuelle Belohnungen verspricht. Und sie finden in vielen islamischen Ländern, einschließlich der muslimischen Parallelgesellschaften Europas, fanatische Gefolgsleute, die sich genau von diesen Verheißungen anwerben lassen.

Wie man es auch dreht und wendet: Die unabhängige, gleichberechtigte Frau hat im Islam bis heute keinen Platz. Ihr selbstbewusstes Auftreten in der Öffentlichkeit löst Aggressivität aus. Streng Islamgläubige können es nicht ertragen, wenn die Frau den untergeordneten Platz verlässt, den die kollektivistische Ideologie des Islam ihr zuweist, die sich anmaßt, bis ins Kleinste das gesellschaftliche und private Leben zu regulieren. In jenen islamisch durchdrungenen Kulturen, in denen zugleich die Unterdrückung und Tabuisierung der weiblichen Sexualität am strengsten ist, ist auch die aggressive Belästigung von Frauen, die sich ohne männlichen „Schutz" auf der Straße bewegen, unerträglicher Alltag, hält Hamed Abdel-Samad fest. Diese Gesellschaften sind auch unter den Hauptherkunftsländern von Asylbewerbern zu finden.

Dieser Hintergrund lässt sich nicht ausblenden, wenn wir die sprunghafte Zunahme von sexuellen Übergriffen im Gefolge der seit drei Jahren anhaltenden Migrationswelle registrieren, die gestiegene Zahl von vermeintlichen „Eifersuchts"-Verbrechen muslimischer Täter an jungen Mädchen und Frauen, die sich nicht ihren Vorstellungen weiblichen Verhaltens unterordnen, oder das gehäufte Auftreten bis dato unbekannter Angriffe wie die sexuellen Massenbelästigungen in den Silvesternächten seit 2016 in Köln und anderen Städten. Die Gruppenvergewaltigung von Freiburg, die im Herbst 2018 die Öffentlichkeit aufwühlte, begangen – wiederum – von einem abgelehnten, nicht abgeschobenen, kriminell auffälligen syrischen Asylbewerber und mindestens sieben, wahrscheinlich mehr als einem Dutzend seiner spontan mobilisierten Kumpane, sendet eine verstörende Botschaft aus.

Hier sind nicht „Schutzsuchende" am Werk, die „traumatisiert" auf die schiefe Bahn geraten wären, wie ein gängiges soziologisches Erklärungsmuster relativiert. Majid H. und seine Clique präsentieren sich in sozialen Medien als fordernde Gruppe mit aggressiver Körpersprache, der mutmaßliche Haupttäter posierte in seiner kurdischen Heimat mit einem Maschinengewehr als Kämpfer mit „eisernem Herzen". So sehen Eroberer aus, die ein Land und seine Frauen als ihnen zustehende Beute betrachten. Wenn dessen Männer hilflos danebenstehen wie die Begleiter der in der Kölner Silvesternacht belästigten Frauen oder der Freund des Opfers des Bonner Siegauen-Vergewaltigers, ist das ebenso Ermunterung und Bestätigung wie geringe oder ganz ausbleibende Strafen, nicht erfolgte Inhaftierungen und Abschiebungen oder die Beschwichtigungen der Schönredner und Verharmloser. Gruppenvergewaltigungen seien kein neues Phänomen, behauptet die politisch einseitige *ARD*-Plattform „Faktenfinder", und selbst die Kanzlerin gab im Wahlkampf die Plattitüde von sich, „schreckliche Sexualdelikte" habe es in Deutschland „vorher auch schon" gegeben. Islamische Parallelgesellschaften und deutschenfeindliche sexuelle Übergriffe gab es allerdings ebenfalls „vorher auch schon". Die banalisierenden Relativierungen aus Politik und Medien sind nicht nur zynisch gegenüber den Opfern, sie ignorieren auch, wie sehr sich die Gesellschaft in nur wenigen Jahren durch das Vordringen kulturell motivierter Gewalt und den Freiheitsverlust insbesondere für Frauen und Mädchen zum Negativen verändert hat.

Das mediale Verschweigen der kulturellen Gründe für diesen Freiheitsverlust verstellt den Blick auf den Kern des Problems. Der molekulare innergesellschaftliche Krieg gegen Frauen, der sich in den Herkunftsländern mit deren Rückfall in den islamischen Fundamentalismus ausgebreitet hat, ist von dort nach Europa und eben auch nach Deutschland importiert worden. Es wäre zweifellos wünschenswert, dass die islamische Welt sich wieder aus den Fesseln der Strenggläubigkeit befreit. Noch vor 50, 60 Jahren lebten Frauen in Iran oder Afghanistan, Ägypten oder dem Maghreb freier und westlicher, als wir uns das heute vorstellen können. Heute dagegen ist selbst die einst säkulare Türkei wieder mit Riesenschritten auf dem Weg in den islamischen Gottesstaat. Wir können der islamischen Welt die notwendigen Reformprozesse nicht abnehmen. Auf gar keinen Fall können wir ihre Probleme dadurch lösen, dass wir ihre Bevölkerungsüberschüsse samt ihrer fanatisierten Islam-Ideologie bei uns aufnehmen und den politischen Islam bei uns einbürgern.

Dieser Weg führt unweigerlich in die Islamisierung und damit in die Zerstörung der freiheitlich verfassten Gesellschaften in Deutschland und Europa. Die Islamisierung ist, allem hartnäckigen Leugnen und Relativieren durch die Verteidiger der linksgrünen Diskurshegemonie zum Trotz, seit Längerem im Gange und an einer Vielzahl von Symptomen deutlich zu erkennen. Kindergarten- und Schulkantinen, die Schweinefleisch und im Islam nicht erlaubte Gerichte von der Speisekarte gestrichen haben; Rücksichtnahme auf islamische Gebets- und Fastenzeiten im Schul- und Betriebsablauf; endlose Kontroversen um das Tragen islamistischer Kopftücher in Schulen, Behörden, Gerichten; islamische Würdenträger, die Frauen den Handschlag verweigern; gläubige Muslime, die weibliche Behördenmitarbeiter oder Polizeibeamte nicht respektieren wollen: Solche Erscheinungen sind nur scheinbar Äußerlichkeiten. Zur Religionsfreiheit im westlichen Sinne gehört auch die Freiheit, sich nicht die religiösen Diskurse und Gepflogenheiten anderer aufzwingen lassen zu müssen. Mit permanenten Tabu- und Diskriminierungsdebatten zwingen muslimische Lobbyisten indes die deutsche Gesellschaft, sich fortgesetzt mit den archaischen Vorschriften, Bräuchen und Regeln einer Religion auseinandersetzen und arrangieren zu müssen, die eben nicht nur Religion ist, sondern auch eine Ideologie, die sich anmaßt, sämtliche Bereiche des staatlichen, gesellschaftlichen und privaten Lebens zu regeln und zu durchdringen.

Das ist ein totalitärer Anspruch, der mit einer freiheitlichen, auf individuelle Bürgerrechte aufbauenden Gesellschaft in grundsätzlichem Widerspruch steht. In diesem Spannungsfeld wird jedes Zugeständnis an islamische Forderungen nach Sonderrechten und Exklusivbehandlung zur eminent politischen Angelegenheit. Jedes Pro-Kopftuch-Urteil, jeder „Frauenbadetag" für Musliminnen in öffentlichen Bädern und jede Schwimmunterrichts- und Klassenfahrtbefreiung für muslimische SchülerInnen aus religiösen Gründen, jede vor Gericht für rechtmäßig erklärte Kinderheirat, jede von den Sozialämtern akzeptierte und alimentierte muslimische Vielehe, jedes Familien- und Zivilgerichtsurteil, das in Scheidungs- oder Erbangelegenheiten nach der Scharia entscheidet, jeder kulturell begründete „Strafrabatt" für Mörder und Frauenmisshandler aus islamischen Motiven und jedes nationale oder internationale Urteil, das sich gegen Kritik am Islam und an seinem „Propheten" richtet, ist ein Etappensieg des politischen, fundamentalistischen Islam, der letzten Endes nur die Scharia und nicht Grundgesetz, Bürgerliches und Strafgesetzbuch als letzte Rechtsquelle gelten lässt.

Die deutsche Politik hat sich unter dem Einfluss der Multikulturalismus-Lobby auf einen gefährlichen Weg der blinden Toleranz begeben. Um Konflikte und die wachsende gesellschaftliche Spaltung zu übertünchen, suchen sich offizielle Stellen fatalerweise gerade jene muslimischen Verbände, Lobbygruppen und Institutionen als Ansprechpartner, welche die Islamisierung vorantreiben wollen, und erweitern damit noch deren Macht. Der Machtkampf wird vor allem unter dem Deckmantel der Religionsfreiheit geführt. Dem liegt eine Fehlauffassung zugrunde: Auch das Recht auf freie und ungestörte Religionsausübung ist in erster Linie ein individuelles bürgerliches Abwehrrecht gegenüber staatlicher Willkür, nicht aber ein Freibrief für Organisationen und Verbände, um kollektive Sonderrechte zu beanspruchen und sich aus der für alle anderen geltenden Rechtsordnung herauszulösen.

Niemand, der das Grundgesetz achtet, will einem in Deutschland lebenden Muslim die freie Religionsausübung innerhalb der für alle verbindlichen Gesetze verbieten. Aus der Religionsfreiheit lässt sich aber weder ein Recht zu Frauendiskriminierung noch zur Beachtung von Sonderregeln durch die Mehrheitsgesellschaft oder zur Immunisierung gegen Satire und Kritik etwa durch Wiedereinführung eines „Blasphemieparagrafen“ ableiten. Und schon gar nicht begründet sie ein Recht für Islamverbände, in Großmoscheen Parallelgesellschaften zu zementieren und die Ausbreitung der Scharia voranzutreiben oder gar als Körperschaft des öffentlichen Rechts privilegiert zu werden.

Ungleichheit ist im Islam ein Leitgedanke: Was Muslimen zusteht, steht anderen noch lange nicht zu. Weswegen in den Herkunftsländern derjenigen, die hier so vehement auf Religionsfreiheit pochen und über „Diskriminierung“ klagen, Entrechtung und Schikanen gegen Andersgläubige bis hin zur organisierten Christenverfolgung an der Tagesordnung sind, von der Türkei bis zum Maghreb und von der arabischen Halbinsel bis Pakistan. Die unter Muslimen weitverbreitete Vorstellung, „Ungläubige“ seien „unrein“ und müssten gemieden werden, begünstigt religiöse Absonderung, kritisiert Sabatina James in ihrer Streitschrift „Scharia in Deutschland. Wenn die Gesetze des Islam das Recht brechen“. Diese „Selbstsegregation“ münde dann „in den urbanen Alltagswelten wiederum in der Entstehung von No-go-Areas, die der Errichtung von Scharia-Herrschaftsgebieten den Weg bahnen“.

Zugeständnisse wie die Einführung von Islamunterricht und islamischen Feiertagen oder die Zensur islamkritischer Äußerungen sind für Sabatina James Kompromisse, mit denen die Politik hoffe, „sich von der Gewalt des Islamismus und Salafismus freikaufen zu können und die Probleme von heute in die Zukunft zu verschieben“. Das „Appeasement“ und die Hofierung der Islamverbände ist nicht nur Gift für die Integration und das Zusammenleben in Deutschland. Politische Beschwichtiger und Multikulturalisten – James nennt sie „moralische Rassisten“ – lassen mit der Umwerbung und Hofierung der Islam-Fundamentalisten und ihrer Verbände nicht nur jene im Stich, die in ihren zu Parallelgesellschaften mutierten Stadtvierteln Fremde im eigenen Land geworden sind und sich in muslimisch dominierten Schulklassen und auf der Straße unter deutschen- und christenfeindlichen Beschimpfungen, Ausgrenzungen und Übergriffen zu ducken haben. Sie liefern auch junge Menschen und vor allem wiederum Frauen an jene Parallelgesellschaften aus, in denen allen formalen Gesetzen zum Trotz islamische Paralleljustiz und Abgrenzungsdruck Realität sind und barbarische Bräuche wie Zwangs- und Kinderehen, weibliche Genitalverstümmelung oder sogenannte „Ehrenmorde" nicht verschwinden, sondern sich eher noch ausbreiten. Und sie verraten die gar nicht so geringe Zahl säkularer und ehemaliger Muslime, die unsere Werteordnung schätzen gelernt haben, nach ihr leben wollen und sie verteidigen, aber im öffentlichen Diskurs nur Randstimmen sind. Einige von ihnen, die auf diesem Weg zu engagierten Islamkritikern geworden sind, finden sich eingeklemmt zwischen Todes-Fatwas islamischer Fanatiker und der allgegenwärtigen „Rassismus"- und „Islamophobie"-Keule, die über jedem Islamisierungs-Kritiker schwebt.

Die deutsche Identitätsflucht begünstigt die Islamisierung. „Während wir im Westen kaum mehr definieren können, worin unsere Identität eigentlich besteht – die beste Schrumpfvariante lässt sich im Begriff Verfassungspatriotismus zusammenfassen –, dreht sich im Islam alles um Selbst- und Identitätsbehauptung", hat Rüdiger Safranski zutreffend beobachtet und befürchtet: „Die antiwestliche Radikalisierung der Muslime wird noch zunehmen" – begünstigt durch westliche Realitätsverweigerung und Seinsvergessenheit.

Die dauerhaft hohe Asylmigration vertieft mit der Islamisierung auch die Spaltung unseres Landes. Die bereits bestehenden Parallelgesellschaften werden verstärkt, neue werden angelegt. In ihnen gedeiht der importierte muslimische Antisemitismus, der inzwischen zur größten Bedrohung jüdischen Lebens in Deutschland und Europa geworden ist. Gerade vor dem Hintergrund der jüngeren deutschen Geschichte ist das eine Schande, die noch gesteigert wird durch die Dreistigkeit, mit der selbst diese manifeste Folge politischen Versagens noch der einheimischen Bevölkerung und dem politischen Gegner als Makel angehängt werden soll. Dass ausgerechnet Angela Merkel, die für den Zustrom Hunderttausender junger Männer aus Ländern verantwortlich ist, in denen der Hass auf Juden und Israel Allgemeingut ist und mit der Muttermilch aufgesogen wird, im Herbst ihrer Amtszeit anlässlich des 80. Jahrestags der antijüdischen Ausschreitungen vom 9. November 1938 vor „wachsendem Judenhass in Deutschland" gewarnt und zum „entschlossenen Widerstand gegen Antisemitismus und Diskriminierung" aufgerufen hat, dürfte nicht nur Henryk M. Broder als alternativ-, grenzen- und schamlose „Chuzpe" empfunden haben.

Gestiegen ist auch die Gefahr islamistischer Terroranschläge, die in den Parallelgesellschaften brütet und durch den Asylzustrom neue Rekruten gefunden hat. Auf dem Höhepunkt der unkontrollierten Asylzuwanderung hat Deutschland 2016 ein Jahr der Terroranschläge erlebt, das in dem blutigen Attentat auf einen Berliner Weihnachtsmarkt gipfelte. Dass seither eine gewisse politisch und medial auch gewollte Abstumpfung eingetreten ist und neu aufgedeckte versuchte Terroranschläge weit weniger Aufsehen erregen als noch vor einigen Jahren, heißt nicht, dass die Gefahr auch verschwunden wäre. Ihr Menetekel sind die in Innenstädten und bei öffentlichen Großveranstaltungen – sofern diese nicht aus „Sicherheitsgründen" gleich ganz abgesagt werden – dauerpräsenten Beton-Barrikaden. Die Sicherheit erhöhen diese „Merkel-Klötze" kaum. Ihr Anblick soll die Deutschen vielmehr daran gewöhnen, dass die lange selbstverständliche Sicherheit und Unbeschwertheit im öffentlichen Raum auf absehbare Zeit verloren ist. Ob wir uns damit abfinden oder endlich gegensteuern, liegt auch an uns Bürgern.

Denn die Islamisierung und die mit islamischer Migration verbundenen Risiken zu ignorieren und zu leugnen ist riskant. Nicht nur für junge Mädchen und Frauen, die Gefahr laufen, unter den Illusionen einer rosarot gezeichneten „Willkommenskultur" einen Zusammenprall der Kulturen mit brutalem oder gar tödlichem Ausgang zu erleben und so zum Opfer eines von Hypermoral gespeisten Multikulturalismus zu werden. Vor allem aber ist Blauäugigkeit im

Konflikt der Kulturen selbstmörderisch für unsere „offene Gesellschaft", die mit einem konsequent und strenggläubig gelebten Islam und mit der Etablierung und Ausweitung islamischer Parallelgesellschaften, die wachsenden Einfluss auf die gesamte Gesellschaft beanspruchen, nicht zu vereinbaren ist.

## Migration, Integration und die Republik

Mit dem Schlagwort „offene Gesellschaft" wird heute dreist und allenthalben Schindluder getrieben. Sonntagsredner, Eurokraten und Leitartikler inszenieren sich bei jeder sich bietenden Gelegenheit als Verteidiger einer „offenen Gesellschaft". Und sie meinen damit in der Regel eine Gesellschaft, die sich nicht „nach außen" abschottet, die keine Mauern aufrichtet und sich nicht hinter Grenzen versteckt, und vor allem: eine Gesellschaft, die „offen" sein soll für Einwanderung jeder Art und Dimension und die jegliche fremde Kultur und Ethnie umarmt. Und natürlich habe diese Gesellschaft vor allem einen Feind, nämlich die „Rechtspopulisten", die „Nationalisten" oder wie man sonst gerade Kritiker zu denunzieren pflegt.

Dem liegt eine absurde Begriffsverwirrung zugrunde. Der Soziologe Karl Popper, der gegen Ende des Zweiten Weltkriegs den Begriff in seinem Werk über „Die offene Gesellschaft und ihre Feinde" populär machte, meinte etwas ganz anderes. „Offen" ist in seinem Sinne eine Gesellschaft, in welcher der Einzelne sich kraft der Vernunft von kollektivistischen Zwängen emanzipiert und die Freiheit zu eigenständigem, mit anderen Individuen gleichberechtigten Handeln und Entscheiden gewonnen hat. Popper hat damit ein klassisch freiheitliches Gesellschaftsmodell definiert, in dem das Zusammenleben nicht von der Unterordnung unter nicht hinterfragbare kollektivistische Zwänge und Vorschriften geordnet wird, sondern von der Freiheit des Individuums, der Rechtssicherheit und der Gleichheit vor dem Gesetz. Durchaus im Sinne Hayeks ist die offene Gesellschaft eine Gesellschaft, die nach allgemeinen und abstrakten Regeln geordnet ist, die einen freien Austausch von Wissen gewährleisten.

Die offene Gesellschaft als freiheitliche Gesellschaft ist die große Errungenschaft europäischen Denkens seit der griechischen Antike, sie ist die Grundlage unserer, der westlich-abendländischen Zivilisation. Ihr Gegenteil, ihr „Feind“, ist die geschlossene Gesellschaft, in der das Individuum nichts und das Kollektiv alles bedeutet. Islamische Gesellschaften sind solche geschlossenen Gesellschaften: Wo der Islam herrscht, verlangt er bedingungslose Unterwerfung – nichts anderes bedeutet „Islam“ – unter sein religiös-politisches Gesetz und unter die archaischen Stammesbräuche, die mit ihm konserviert und legitimiert werden.

Wer also im Namen der „offenen Gesellschaft“ Einwanderung großen Stils von Menschen ermöglicht, die in einer geschlossenen Gesellschaft sozialisiert sind und diese Prägung im geistigen Reisegepäck mit nach Deutschland bringen, der zerstört in Wahrheit ebendiese offene, freiheitliche Gesellschaft. Das heißt nicht, dass der einzelne Einwanderer aus einem solchen Kulturkreis nicht Teil unserer Gesellschaft werden und sich in sie integrieren kann, wenn er sich von den kollektivistischen Zwängen seiner Herkunftskultur emanzipiert. Zahlreiche Persönlichkeiten sind diesen Weg ja auch bereits gegangen und leisten einen wichtigen Beitrag zu unserer Gesellschaft und Kultur. Findet die Einwanderung aber in solchen Dimensionen statt, dass sich geschlossene Parallelgesellschaften herausbilden, verfestigen und ausbreiten, geraten diese notwendig durch ihren kollektivistischen und potenziell totalen Anspruch in Gegensatz zu unserer offenen Gesellschaft.

Die „multikulturelle Gesellschaft“, die von den Befürwortern unbeschränkter Einwanderung teils naiv, teils arglistig mit einer „offenen“ Gesellschaft verwechselt wird, ist in Wirklichkeit ihr Feind. Sie ist, wie ihr Propagandist Daniel Cohn-Bendit schon 1991 zugab, „hart, schnell, grausam und wenig solidarisch“ und „hat die Tendenz, in eine Vielfalt von Gruppen und Gemeinschaften auseinanderzustreben und ihren Zusammenhalt sowie die Verbindlichkeit ihrer Werte einzubüßen". In der Behauptung der damaligen „Integrationsbeauftragten" der Bundesregierung und stellvertretenden SPD-Chefin Aydan Özoğuz aus dem September 2015, das „Zusammenleben" in Deutschland müsse nunmehr „täglich neu ausgehandelt" werden, steckt gesellschaftlicher Sprengstoff. Dieser Relativismus läuft darauf hinaus, dass ein zentrales Merkmal der freiheitlichen Gesellschaft geopfert wird: die Ordnung nach allgemeinen, abstrakten, für alle verbindlichen und für alle in gleichem Maße geltenden Regeln. Dann drohen Chaos, Anarchie und Faustrecht, die wiederum den Vorwand liefern, neue Zwänge einzuführen und Freiheiten zu beschneiden, um die solchermaßen fragmentierte Gesellschaft mit polizei- und überwachungsstaatlichen Mitteln noch zusammenzuhalten.

Gerade die offene Gesellschaft braucht daher Grenzen, innerhalb derer sie bestehen kann. Das gilt auch und gerade im ökonomischen Sinne. Der Staat, führt Hans-Werner Sinn in einem Vortrag über die „neue Völkerwanderung" aus, ist Sachwalter des gemeinschaftlichen Eigentums, der Gemeingüter: Land, Natur, Infrastruktur, Verwaltung, Institutionen, Sozialsysteme. Wenn jeder Beliebige sich daran bedienen kann, werden diese Güter zerstört. Der Staat als Sachwalter muss deshalb nicht nur die individuellen Eigentumsrechte der Bürger, sondern auch ihr gemeinschaftliches Eigentum sorgsam verwalten und schützen. Ohne genau definierte und gewahrte Eigentumsrechte kann eine Marktwirtschaft nicht funktionieren; dann herrscht das Recht des Stärkeren, der sich nimmt und behauptet, was er bekommen kann. Und ohne Zäune und Grenzen, die das gemeinschaftliche Eigentum wahren, kann auch eine freiheitliche, offene, friedliche Gesellschaft nicht existieren. Der Vorsokratiker Heraklit von Ephesos sagt: „Für das Gesetz soll ein Volk kämpfen wie für seine Mauer." Beides hängt eben untrennbar zusammen.

Ob wir nun von den Gemeingütern sprechen oder, im angelsächsischen Sprachgebrauch, von den „commons" einer Gesellschaft: Sie sind die „res publica", die „gemeinsame Sache", die ein Gemeinwesen zusammenhält und zum Bürgerstaat macht, zur Angelegenheit seiner Bürger – zur Republik. Dazu gehören das staatliche Gewaltmonopol und die innere Sicherheit, die für die Bürger jederzeit und überall gewährleistet sein und nicht von Fall zu Fall „ausgehandelt" werden muss. Dazu gehört weiter ein Rechtssystem, das an Gesetze gebunden ist, Bürger und Politiker in gleichem Maße bindet und politische Entscheidungen überprüft. Zu den Gemeingütern des Wirtschaftssystems gehören Normen und Regeln, die wirtschaftliches Handeln durch Freiheit ermöglichen und nicht durch Übersteigerung abwürgen. Weiteres wichtiges Gemeingut ist ein öffentliches Bildungssystem, das allgemein zugänglich, leistungsorientiert am Niveau des Gemeinwesens ausgerichtet ist und nicht politisch instrumentalisiert wird. Und es gehören die sozialen Sicherungssysteme dazu, die von den Bürgern gemeinschaftlich unter erheblichen Aufwendungen aufgebaut worden sind und streng vor willkürlichem Zugriff zu schützen sind.

Unkontrollierte Einwanderung bedeutet unkontrollierte und willkürliche Ausweitung der Nutzer dieser Gemeingüter und führt zum Raubbau an diesen. Das gilt für sämtliche Gemeingüter. Besonders sichtbar wird die Überstrapazierung an den sozialen Sicherungssystemen. Über 55 Prozent der 4,3 Millionen „erwerbsfähigen Leistungsberechtigten" unter den Beziehern von Leistungen nach SGB II („Hartz IV") haben einen „Migrationshintergrund", vermeldete Medienberichten zufolge die Bundesagentur für Arbeit im Frühjahr 2018. 2013 lag dieser Anteil noch bei 43 Prozent. Hauptgrund ist laut Arbeitsagentur der starke Zuzug an Asylbewerbern. Der Effekt tritt mit Verzögerung ein, dafür umso wuchtiger. Asylbewerber erhalten die Leistungen auf dem Niveau deutscher Arbeitsloser erst, nachdem ihr Asylantrag entschieden wurde, und zwar sowohl wenn ihnen ein Aufenthaltsstatus zuerkannt wurde als auch nach einer Ablehnung, wenn sie – wie in den meisten Fällen – nicht abgeschoben, sondern geduldet werden. Vorher erhalten sie Geld nach dem Asylbewerberleistungsgesetz; die Quelle ist die gleiche: die Steuern und Abgaben der arbeitenden Mitglieder der Solidargemeinschaft.

Der Beitrag der Asylzuwanderer zu dieser Solidargemeinschaft ist derzeit kaum wahrnehmbar: Von 32 Millionen sozialversicherungspflichtig Beschäftigten sind nur 1,5 Millionen Nicht-EU-Ausländer, und von diesen stammen nur etwa zehn Prozent, 157.000, aus den Asyl-Hauptherkunftsländern. Dagegen stellen Syrer, echte und angebliche, mit 584.000 die größte Gruppe der ausländischen Hartz-IV-Bezieher, gefolgt von Türken (259.000), Irakern (138.000) und Afghanen (99.000). Wenig spricht dafür, dass sich die Relation in absehbarer Zeit ändern wird. Schon gar nicht angesichts der Tatsache, dass in muslimischen Parallelgesellschaften die Vorstellung verbreitet ist, bei den Hartz-IV-Leistungen handele es sich im Grunde um den legitimen Tribut, den „Ungläubige" den Muslimen schulden. Das wäre in dieser Denkweise dann die modernisierte Form der „Kopfsteuer" („Dschizya"), die Juden und Christen in muslimisch beherrschten Territorien zu entrichten haben als Preis dafür, dass man sie als „Schutzbefohlene" („Dhimmi") minderen Rechts existieren und ihre Gebräuche im Privaten auf Widerruf vorerst weiter ausüben lässt.

Im Klartext heißt das: Ein Löwenanteil der von der arbeitenden Bevölkerung erwirtschafteten drückenden Abgabenlast wird an Personen umverteilt, die zu diesem Gemeingut nicht beigetragen haben, nicht beitragen werden und zu einem beträchtlichen Teil wohl auch nicht beitragen wollen. Ganz zu schweigen von der weiteren Plünderung des Gemeinguts Sozialkasse durch Betrüger wie jene osteuropäischen Banden, die 2017 mit erfundenen Arbeitsstellen insgesamt rund 50 Millionen Euro ergaunerten.

Die hunderttausendfache und weiter anhaltende Migration in die deutschen Sozialsysteme hat darüber hinaus zur Folge, dass sozial- und arbeitsmarktpolitische Maßnahmen, die auf die bestehende Solidargemeinschaft zielen, in ihrer Wirkung ins Gegenteil verkehrt werden. Der zum Jahresbeginn 2015 eingeführte Mindestlohn ist dafür aufgrund seiner unterschiedlichen Bindungswirkung auf einheimische und zugewanderte Arbeitnehmer ein anschauliches Beispiel. Hans-Werner Sinn rechnet vor, dass zum Zeitpunkt der Einführung etwa zwölf Prozent der einheimischen Arbeitnehmer weniger als den gesetzlichen Mindestlohn von 8,50 Euro pro Stunde verdienten, aber 19 Prozent aller Migranten, 40 Prozent der nach 2007 angekommenen Migranten und sogar 49 Prozent der nach 2007 aus der nicht-westlichen Welt gekommenen Migranten. Diese enorm hohe Bindungswirkung hält außereuropäische Migranten faktisch vom Arbeitsmarkt fern. Wenn sie doch eine Stelle finden, verdrängen sie aufgrund der starren Löhne wiederum einheimische Arbeitskräfte in die Sozialsysteme. In jedem Fall verschärft unqualifizierte Migration die Arbeitsmarktkonkurrenz gerade in den unteren Einkommensgruppen. Die Politik hat somit die Wahl zwischen Abbau und Kollaps der Sozialsysteme.

Während unkontrollierte Migration einerseits das Gemeingut Sozialstaat überstrapaziert, stellt der Sozialstaat selbst auf der anderen Seite ein Haupthindernis für die Integration dar. Diese erfolgt in echten Einwanderungsländern über den Zwang, möglichst rasch auf dem Arbeitsmarkt erfolgreich zu sein, sich anzupassen und für sich selbst zu sorgen. Für eine Vielzahl von Migranten aus ärmeren und außereuropäischen Regionen ist die Ankunft im deutschen Sozialstaat dagegen bereits das Ziel: Sie ermöglicht ein Leben auf einem Niveau, das in den Herkunftsländern aus eigener Leistung nie zu erreichen wäre. Von Betreuern umgeben, mit Wohnung, Gesundheitsfürsorge und einem arbeitsfreien Grundeinkommen ausgestattet, das sich durch Kinderreichtum noch signifikant steigern lässt, besteht für viele schlicht keine Veranlassung, die Sprache zu lernen, sich weiterzuqualifizieren, sich anzupassen und in die vorgefundene Kultur und Solidargemeinschaft einzufügen.

Auch die Frage der Integration entscheidet sich letztlich am Verhältnis zu den Gemeingütern. Die unbedingte und bis heute im Kern nicht revidierte Grenzöffnung von 2015 durch Außerkraftsetzung geltender Zuzugsregeln verschaffte weit mehr als einer Million Migranten Zugang zu Sozialkassen, Infrastruktur, Bildungs- und Rechtssystem und zum öffentlichen Raum, der für die einheimische Bevölkerung vom hohen Gut der inneren Sicherheit und Bewegungsfreiheit geprägt ist. Zuwanderern aus gewaltgeprägten Kulturen und Regionen sei ein gewaltfreier öffentlicher Raum als zivilisatorische Errungenschaft gar nicht präsent und werde entsprechend auch nicht geschätzt, führt der Sozialwissenschaftler Gerd Held in einem instruktiven Beitrag auf der „Achse des Guten" aus. Die Abwehrreaktionen in der einheimischen Bevölkerung gegen den ungeregelten Zustrom einer großen Zahl außereuropäischer Migranten erklärt sich daher nicht aus „rassistischer" Ablehnung des Fremden, sondern aus der berechtigten Empörung über Angriffe und Geringschätzung gegen die in Deutschland geschaffenen Gemeingüter.

Deren Wertschätzung ist gewachsener Teil der nationalen Identität und lässt sich nicht mal eben durch staatliche Integrationskurse und Aufklärungsunterricht herbeiführen. Davon profitiert letztlich auch wieder nur die Sozial- und Asyl-Industrie, deren Strukturen die arbeitende Bevölkerung ebenfalls mit ihren Steuergeldern finanzieren muss. Es bedarf eigener Anstrengung, um sich als Migrant von den Zwängen und Gewohnheiten der Herkunftskultur zu lösen und Teil eines westlichen Gemeinwesens zu werden, erläutert der israelisch-arabische Psychologe Ahmad Mansour unermüdlich am eigenen Beispiel. Verhindert wird diese Integrationsleistung aus eigener Kraft nicht nur durch die große Zahl der Neuangekommenen, sondern auch durch die Integrations-Industrie, die von ihrer Betreuung profitiert und deshalb ein Interesse daran hat, jegliche Kritik an Zuwanderung, fremden Kulturen und Religionen per se zu tabuisieren. Statt auftragsgemäß als getreuer Sachwalter der Gemeingüter zu handeln und Zuwanderung verträglich zu begrenzen, besorgt die etablierte Politik letztlich das Geschäft dieser Lobby, wenn sie das berechtigte Aufbegehren von Bürgern gegen die Verschleuderung ihrer Gemeingüter mit dem absurden Vorwurf des „Rechtsradikalismus" stigmatisiert. Vera Lengsfeld bringt es auf den Punkt: „Weil nicht so ohne weiteres einzusehen ist, warum die einheimische Bevölkerung ihre erarbeiteten Werte ohne Gegenleistung mit Einwanderern teilen soll, muss sie eingeschüchtert werden, damit sie keinen Widerspruch wagt. Genau das passiert in der sogenannten Rassismus-Debatte."

Die Fakten lassen sich indes auch durch noch so massive Propaganda auf Dauer nicht aus dem Weg räumen. Der Migrationsdruck aus außereuropäischen Kulturkreisen wird weiter steigen. Der Wirtschaftswissenschaftler Gunnar Heinsohn hat den Zusammenhang zwischen dem „youth bulge", also dem Überschuss an jungen Männern, die in der Heimat keine Perspektive haben, weil nicht genug Positionen freiwerden, auf die sie nachrücken könnten, und dem Drang nach Expansion und Eroberung in Geschichte und Gegenwart erforscht. In seinem Buch „Söhne und Weltmacht" bezeichnet er die islamische Welt, deren Bevölkerung allein zwischen 1900 und 2000 von 150 auf 1.200 Millionen gestiegen ist und weiter wächst, als „beeindruckendstes Beispiel" für einen solchen „youth bulge". Die Bevölkerung des afrikanischen Kontinents wird sich nach Angaben der Vereinten Nationen in den nächsten drei Jahrzehnten auf 2,5 Milliarden Menschen mehr als verdoppeln. Allein im letzten Jahr ist die Weltbevölkerung um die Einwohnerzahl ganz Deutschlands gewachsen – 83 Millionen Menschen. Der Drang dieser Bevölkerungsüberschüsse, sich ein besseres Leben zu erobern, betrifft die gesamte westliche Welt und ihre rasch alternden Bevölkerungen.

Selbst wenn die Staaten Europas und der westlichen Welt Zuwanderer aus diesen Regionen in einer Größenordnung aufnähmen, die sie zur Unkenntlichkeit verändern und umstürzen würde, könnte das angesichts des anhaltend hohen demografischen Drucks nicht einmal temporär wahrnehmbare Entlastung schaffen. Dennoch verfolgen die Vereinten Nationen seit Jahren genau diese Strategie. Sie gipfelt in dem „Globalen Pakt für sichere, geordnete und reguläre Migration", der Migration einäugig als positiv und wohlstandsmehrend beschreibt, einen umfassenden Katalog zu ihrer Förderung und Erleichterung enthält, aber unbestreitbare Risiken und Probleme ausblendet, kritische Einstellungen zu Migration ächtet und den Staaten aufgibt, dagegen vorzugehen.

Die etablierte deutsche Politik hat sich bedenkenlos auf diesen abschüssigen Pfad begeben. Obwohl die Bundesregierung nach eigenem Bekunden maßgeblich an den Verhandlungen zu dem Pakt mitgewirkt hat, wollte sie ihn offenkundig ohne öffentliche Debatte geräuschlos unterzeichnen, ohne den Souverän zu informieren und seine Vertreter, den Bundestag, entscheiden zu lassen. Die von der AfD schließlich erzwungene Parlamentsdebatte förderte die Widersprüche zutage: Der Pakt soll „rechtlich nicht verbindlich" sein, enthält aber eine Fülle von politischen Verpflichtungen, die als „soft law" sehr wohl politische Bindungswirkung haben. Er soll Deutschland zu nichts zwingen, aber andere Staaten veranlassen, Bedingungen zu verbessern und Migrationsursachen zu beseitigen. Gleichzeitig wirft sich die Einwanderungslobby der „Nichtregierungsorganisationen", die von dem Pakt zu Partnern für die Umsetzung auf Augenhöhe mit den Staaten aufgewertet werden, samt ihrem grün-linken politischen Arm bereits in Pose, um die Realisierung der Forderungen des Pakts Punkt für Punkt einzufordern. Und den Nationalstaaten werden neue supranationale UN-Gremien vor die Nase gesetzt, denen sie ihre „Fortschritte" bei der Umsetzung des Pakts zu rapportieren haben. So wird Migration zum Hebel, um die Souveränität und Entscheidungsfreiheit der Nationalstaaten bei der Wahrnehmung ihrer legitimen Interessen weiter einzuschränken. Eine Reihe von Staaten hat das erkannt und ist deshalb aus dem Pakt ausgestiegen.

Der UN-Migrationspakt führt das Dogma, Schicksalsfragen wie Migration seien nur „multilateral" über die Köpfe des demokratischen Souveräns hinweg zu lösen, ad absurdum. Er wird bei Migrationswilligen in der außereuropäischen Welt Erwartungen wecken, die Deutschland und der Westen nicht erfüllen können. Die Erleichterung von Migration löst keines der mit ihr verbundenen Probleme. Weder die Probleme in den Aufnahmeländern, schon gar nicht, wenn sie sich vor allem auf junge Männer erstreckt, die am schwersten zu sozialisieren sind; noch in den Herkunftsländern, denen sie gerade die gut Ausgebildeten, Aktiven und Leistungsfähigen entzieht, wie der britische Migrationsforscher Paul Collier in seinem

Standardwerk „Exodus" festhält, ohne jedoch nennenswerte demografische Entlastung zu schaffen.

Millionenfache Migration aus anderen Kulturen stellt die Grundlagen des Gemeinwesens, die ungeschriebenen Regeln des Zusammenlebens und damit die nationale Identität selbst infrage. Der tiefe Riss durch unser Land klafft nicht zwischen „Reichen" und „sozial Benachteiligten" und auch nicht zwischen „Demokraten" und „Ausländerfeinden", sondern zwischen einer abgeschotteten, sich selbst privilegierenden politischen und medialen Elite auf der einen Seite und denen, die dafür nicht nur mit den Früchten ihrer Arbeit bezahlen, sondern mit dem gebrochenen Versprechen auf Sicherheit und Streben nach Wohlstand und Erfolg. Es ist der Konflikt, den der amerikanische Publizist David Goodhart etwas schematisch als den Interessengegensatz zwischen transnationalen Eliten („anywheres") und ortsgebundenen Mittel- und Unterschichten („somewheres") beschreibt, die nicht beliebig ausweichen und verlagern können. Oder, anders ausgedrückt, der Konflikt zwischen Bewahrern und Verschleuderern der Gemeingüter.

Versöhnen lässt sich dieser Konflikt am ehesten durch eine an nationalen Interessen ausgerichtete Sicht auf Migration und durch eine republikanische Auffassung von Integration. Es ist nicht die Andersartigkeit von Hautfarbe, Abstammung oder Volkszugehörigkeit von Migranten, die Migration zum Problem, zur Bedrohung für den Zusammenhalt des Gemeinwesens macht, sondern das Gefälle von Zivilisations- und Entwicklungsstand. Dieses Gefälle zu überwinden ist ein langwieriger Prozess. Es verschwindet nicht durch den bloßen Akt der Zuwanderung und auch nicht durch ein paar „Integrationskurse". „Gesellschaft wird nicht gestiftet, sondern erlebt", stellt Jörg Baberowski fest. „Wenn Menschen einander nichts mehr zu sagen haben, weil sie sich jenseits des Milieus, in dem sie leben, gar nicht mehr verständlich machen können, ist es mit der offenen Gesellschaft bald vorbei."

Wir müssen daher verstehen, dass echte Integration nur gelingen kann, wenn Migranten den Wert der hier geschaffenen Gemeingüter kennen und schätzen und die Bereitschaft mitbringen, diese selbst zu bewahren und zu mehren. Wir müssen Fakten als Fakten akzeptieren und nicht als bloße Meinungen abtun – Hannah Arendt bezeichnete dies einmal als herausragendes Merkmal der deutschen Realitätsflucht. Wir müssen ehrlich und frei darüber diskutieren können, ohne Kritiker reflexhaft mit der Moralkeule zu erledigen. Und vor allem müssen wir den deutschen Größenwahn überwinden, in allem gleich den ganzen Planeten retten zu wollen. Die Probleme in den Herkunftsländern, die Menschen zur Migration treiben, müssen von diesen selbst überwunden werden: Übervölkerung, wirtschaftliche und politische Unfreiheit, schlechte Regierung, Willkür, fehlende Sicherheit und rückständige Ideologien. Westliche Länder können dabei beraten und helfen, aber nicht die Verantwortung übernehmen. Von heute auf morgen wird dies so oder so nicht geschehen können. Aktuell heißt die Herausforderung: unsere offenen Gesellschaften mit Grenzen wirksam und vernünftig zu schützen. Lassen wir die Zerstörung des hier in Generationen Erreichten zu, ist vielen geschadet und niemandem geholfen und wir können auch selbst niemandem mehr helfen.

# 5. Mehr Republik wagen – Wie wir Deutschland wieder nach vorne bringen

Krisen sind kein unabwendbares Schicksal. Krisen sind Herausforderungen. Krisen werden von Menschen verursacht und verschuldet und von Menschen können sie auch wieder gelöst und Staat und Gesellschaft auf einen neuen Kurs gebracht werden. Eine Politik mit Plan und Kompass, die feste Prinzipien aufstellt und einhält, kann die Bundesrepublik Deutschland auch aus dieser wohl schwersten Bewährungsprobe ihres Bestehens herausführen. Die nachfolgend aufgeführten 16 Forderungen markieren die Eckpunkte eines Reformprogramms, mit dem sich die Republik der Deutschen erneuern und wiederaufrichten lässt.

**GRENZEN SCHLIESSEN** – Ein Staat, der die Kontrolle über sein Territorium und den Zugang dazu aufgibt, ist kein Staat mehr. Die Schließung der deutschen Grenzen für illegale Einwanderer ist weder unmöglich noch verstößt sie gegen europäisches Recht. Sie wäre 2015 machbar gewesen und sie ist es auch heute. Das würde Kosten und Unannehmlichkeiten verursachen, aber diese sind gering im Vergleich zu den Folgen weiterer Untätigkeit. Denn ohne klar umrissene Grenzen gibt es weder eine freiheitliche, offene Gesellschaft noch Schutz von Recht und Eigentum, weder einen solidarischen Sozialstaat noch Demokratie.

**ASYLRECHT ÄNDERN** – Ein Recht, das in mehr als 95 Prozent der Fälle von Menschen eingefordert wird, die darauf keinen Anspruch haben und für die es dem Sinne nach auch nicht gedacht ist, ist offenkundig falsch formuliert und hat sich selbst ad absurdum geführt. Was der Staatsrechtler Rupert Scholz wiederholt von der Politik verlangt hat und was CDU und CSU vor zwei Jahrzehnten noch selbst in ihrem Programm und auf der politischen Tagesordnung hatten, bleibt aktuell und richtig: Der individuelle, einklagbare Grundrechtsanspruch auf Asyl mit seiner umfassenden und zum Missbrauch einladenden Rechtswegegarantie durch die Instanzen muss abgeschafft und durch eine institutionelle Garantie mit einfachgesetzlicher Regelung ersetzt werden. Statt „Politisch Verfolgte genießen Asylrecht" hieße es in Artikel 16a des Grundgesetzes dann zum Beispiel, wie vom damaligen Unions-Fraktionsvize Wolfgang Bosbach schon im Jahr 2000 vorgeschlagen: „Die Bundesrepublik Deutschland gewährt Asyl. Das Nähere regelt ein Bundesgesetz." Das würde erlauben, schnell über berechtigte Asylbegehren zu entscheiden und unberechtigte abzuweisen, ohne dass die Abgelehnten sich mit rechtlichen Tricks und Kniffen trotzdem den Aufenthalt erschleichen könnten. Vorausgesetzt natürlich, Exekutive und Justiz halten sich wieder strikt an das Gesetz und ignorieren und verdrehen es nicht vorsätzlich, so wie es derzeit mit dem bestehenden Asylrecht durch die Missachtung von Drittstaatenregelung und Dublin-Verordnung und durch das Aussprechen absurder Abschiebeverbote geschieht.

**MIGRATION BEGRENZEN** – Ohne diese beiden Reformschritte brauchen wir über ein „Einwanderungsgesetz" gar nicht erst zu diskutieren. Die Wiederherstellung der Kontrolle über die Grenzen, einschließlich der ausnahmslosen Verhinderung illegaler Grenzübertritte, und die Reform des Asylrechts sind die Voraussetzung für eine Neuregelung, Begrenzung und Steuerung der Einwanderung nach Deutschland. Diese muss strikt und sauber zwischen politisch Verfolgten und anderen Einwanderungswilligen unterscheiden. Die Aufnahme politisch Verfolgter ist ein Gebot der Menschlichkeit. Über alle anderen Einwanderungsgesuche muss nach der Aufnahmefähigkeit und den Interessen unseres Landes entschieden werden – und nicht nach den Interessen und Versorgungswünschen von Migranten. Die Entscheidung, wer an den in Deutschland geschaffenen Gemeingütern teilhaben und gegebenenfalls auch Teil des Staatsvolks werden darf, ist ureigene Sache des Souveräns selbst. Internationale Vereinbarungen wie der „UN-Migrationspakt", die diese Souveränität formal bestätigen, aber faktisch aushebeln, sind deshalb abzulehnen und aufzukündigen.

**ISLAMISIERUNG ABWENDEN** – Der fundamentalistische Islam ist die große totalitäre Herausforderung des 21. Jahrhunderts. Wir haben viel zu lange zugesehen, wie sich islamische Parallelgesellschaften in Deutschland ausgebreitet haben, zu rechtsfreien Zonen und Brutstätten von Deutschenhass, Verachtung unserer Werte und islamischem Terrorismus geworden sind. Jetzt heißt es handeln, um die rechtsstaatliche Ordnung wiederherzustellen. Die Steuerung und Finanzierung von Moscheezentren durch ausländische islamische Organisationen und Mächte – Iran, Saudi-Arabien, Katar, aber auch die Türkei – ist zu unterbinden. Der von Ankara ferngesteuerte deutsche Ableger der türkischen Religionsbehörde, Ditib, muss unter strenge Aufsicht gestellt und gegebenenfalls aufgelöst werden, um die Instrumentalisierung hier lebender Türken als „fünfte Kolonne" der türkischen Regierung zu beenden. Wer Hass und Mord gegen Nicht-Muslime predigt, muss strafrechtlich verfolgt und ausgewiesen werden – das gilt ganz besonders für radikale Imame. Moscheen, in denen sich Islam-Extremisten, Salafisten und Dschihadisten tummeln, müssen sofort geschlossen werden. In öffentlichen Einrichtungen und für Minderjährige muss ein striktes Kopftuchverbot gelten. In der Privatwirtschaft muss es Arbeitgebern freistehen, Kopftücher und islamistische Verhüllungen am Arbeitsplatz zu untersagen, ohne durch Sondergesetze in ihrer Vertragsfreiheit eingeschränkt zu werden. Und wir müssen dafür sorgen, dass die bestehenden muslimischen Parallelgesellschaften durch fortgesetzte massive Zuwanderung nicht noch mehr werden. Sabatina James fragt zu Recht: „Wie sinnvoll ist der weitere Zustrom von Demokratiegegnern, wenn man mit den vorhandenen schon nicht klarkommt und nicht einmal in der Lage ist, den schlimmsten Auswüchsen öffentlich entgegenzutreten?"

**RECHT MUSS HERRSCHEN** – Die unbedingte Herrschaft des Rechts ist der Grundpfeiler der demokratischen Republik. Um sie wiederherzustellen, brauchen wir nicht mehr Gesetze, sondern einfache und klare Gesetze und Regeln, die für alle gelten – ohne Ausnahmen, Sondergesetze und Privilegien. Auch die Regierenden stehen nicht über dem Recht: Wenn sie es fortgesetzt und bewusst brechen, so wie Bundeskanzlerin Angela Merkel in der Europa-, Energiewende- und Einwanderungspolitik, müssen sie zur Verantwortung gezogen werden. Eine Gesellschaft, in der der Ehrliche der Dumme ist und in der zweierlei Recht herrscht – wuchernde, komplizierte und in aller Härte bis ins letzte Detail exekutierte Gesetze und Verordnungen für Normalbürger, achselzuckende Nachsicht für Rechtsbrüche und Grenzüberschreitungen politisch erwünschter und bevorzugter Gruppen –, steht auf tönernen Füßen.

**FREIHEIT LEBEN** – Gesinnungsgesetzgebung ist der heimtückischste Feind der Freiheit. Ein freiheitlicher Staat gewährleistet Sicherheit und Ordnung, damit jeder frei seine Meinung sagen kann, aber er macht keine Vorschriften, was die Bürger denken und von welchen Ansichten sie sich fernhalten sollen. Schon gar nicht hat er mit dem Geld der Bürger Personen und Organisationen zu finanzieren, die ihm genehme Ansichten propagieren und unerwünschte Meinungen bekämpfen. Wenn Staatsoberhaupt und

Regierungsmitglieder selbst zu Kundgebungen mobilisieren, zu der einen Demonstration aufrufen und die andere verteufeln, läuft etwas gewaltig schief. Ein Monstrum wie das „Netzwerkdurchsetzungsgesetz“ („NetzDG“), das sich nicht nur anmaßt, Meinungsäußerungen beurteilen und löschen zu lassen, sondern diese Aufgabe auch noch an demokratisch weder legitimierte noch kontrollierte Erfüllungsgehilfen delegiert, ist eine Schande für die Freiheit. Es sollte besser heute als morgen ersatzlos gestrichen werden. Unbequeme Meinungen muss ein republikanischer Demokrat aushalten, für strafrechtlich Relevantes ist die Justiz auch ohne NetzDG ausreichend gerüstet. Nicht minder anachronistisch ist ein öffentlich-rechtlicher Rundfunk, der für sich „Qualitätsjournalismus“ in Anspruch nimmt, aber „Haltung“ über Berichterstattung stellt. *ARD*, *ZDF* und ihre Ableger als „frei empfangbar“ zu bezeichnen ist ein Etikettenschwindel: Jeder muss sie bezahlen, sogar wenn er sie gar nicht sehen will. Niemand sollte dazu gezwungen werden, für ungefragt aufgedrängte Meinungen zahlen zu müssen. Deutschlands öffentlich-rechtlicher Rundfunk, einer der teuersten der Welt, ist dringend reformbedürftig. Er sollte auf Informations- und Kulturprogramme beschränkt werden, die werbefinanzierte kommerziell operierende Sender nicht leisten können, und die Entrichtung der Gebühr sollte freiwillig und nutzungsabhängig sein wie bei anderen Bezahlsendern auch.

**EIGENTUM SCHÜTZEN** – Die Achtung des Privateigentums ist die Grundlage der Freiheit – der unternehmerischen wie der privaten. In der deutschen Politik ist die Geringschätzung des Privateigentums indes gängige Münze geworden. Ob Hauseigentümer oder Autobesitzer, Gastronom oder Energielieferant: Niemand ist davor sicher, durch willkürliche Verschärfung von Vorschriften um sein Eigentum, sein Geschäftsmodell oder sogar um seine Existenz gebracht zu werden. Mehr Rechtssicherheit und weniger Aktionismus ist das beste Konjunkturprogramm.

**STEUERN SENKEN** – Auch wenn dieser Irrglaube bei den Sozialisten und Sozialdemokraten aller Färbungen von schwarz bis grün und rot unerschütterlich scheint: Der Staat weiß nicht besser, wie das Geld der Bürger auszugeben wäre. Denn alles, was der Staat ausgibt, muss er vorher einem, der es erwirtschaftet hat, weggenommen haben. Jedem „gerechten" Umverteilen geht also ein „ungerechter" Zwang, ein Wegnehmen voraus. Daraus ergibt sich die Pflicht des Staates, sich auf seine Kernaufgaben zu beschränken: Sicherheit nach innen und außen, Fürsorge für die Bedürftigen, Herstellung und Aufrechterhaltung von Infrastruktur und öffentlicher Ordnung sowie Gewährleistung eines Ordnungsrahmens für den freien und ungehinderten Austausch von Informationen, Waren und Dienstleistungen, oder anders ausgedrückt: für den Markt. Für diese Aufgaben muss der Staat von allen Bürgern mit den notwendigen Mitteln ausgestattet werden. Wie die Bürger ihr verfügbares Einkommen verwenden, weiß der freie Informationsfluss des Marktes besser als jede staatliche Planung. Ein Staat, der sich auf seine originären Zuständigkeiten beschränkt, kann die Einkommen- und Mehrwertsteuer, die vor allem die Mittelschicht belastet, nach dem Prinzip „niedrige Sätze, dafür keine Ausnahmen" drastisch senken und verfügt trotzdem über genug Mittel, um seine Aufgaben zu erfüllen. Für eine Staatsquote von mehr als 50 Prozent gibt es dagegen nur eine angemessene Bezeichnung: Ausbeutung.

**GERECHTIGKEIT ÜBEN** – Sozialistische Gleichmacherei ist das Gegenteil von Gerechtigkeit. Gerecht ist, wenn jeder die gleichen Chancen auf Erfolg hat, aber nicht, wenn das Ergebnis von oben festgesetzt wird und für jeden gleich sein soll. Das wahnhafte linke Bestreben, Menschen auf bestimmte Eigenschaften – Frauen, Migranten, Homosexuelle, Muslime, Benachteiligte – zu reduzieren und sie danach zu sortieren und zu Fürsorgeobjekten zu degradieren, ist ungerecht und unwürdig. Das Quoten- und Egalisierungsdenken benachteiligt die einen, um andere zu privilegieren, und setzt die Privilegierten dem Verdacht aus, nicht wegen ihrer

Leistung, sondern wegen irgendwelcher Merkmale vorangekommen zu sein. In Verwaltungen, Unternehmen und Gremien sind Quoten willkürlich und fragwürdig, in Parlamenten sogar verfassungswidrig, weil sie das passive Wahlrecht aushebeln und in der Konsequenz zu staatlich festgesetzten Einheitslisten führen. So werden Menschen in einer neuen Quasi-Ständegesellschaft festgenagelt und entmündigt. Gleiche Regeln für alle sind gerecht. Was der Einzelne daraus macht, muss seine Sache und seine Verantwortung bleiben.

**SICHERHEIT VERTEIDIGEN** – Bürger zahlen Steuern, damit der Staat den inneren und äußeren Frieden aufrechterhält und durchsetzt. Das Gewaltmonopol berührt den Kern staatlicher Legitimität: Duldet ein Staat rechtsfreie Räume, in denen Clans oder andere Kriminelle sein Gewaltmonopol herausfordern, und scheitert er an der Aufgabe, eine Armee zu unterhalten, die jederzeit einsatzfähig ist und den Auftrag der Landesverteidigung erfüllen kann, verspielt er seine Existenzberechtigung. Wir müssen die Perspektive wechseln: Innere Sicherheit und Verteidigungspolitik sind kein lästiges Anhängsel, sondern die zentrale Aufgabe staatlichen Handelns.

**EURO ABWICKELN** – Der „Dexit", der Ausstieg Deutschlands aus der europäischen Gemeinschaftswährung, ist das Gebot der Stunde. Das Experiment ist gescheitert und kann nur noch zu unerträglich hohen Kosten weiter künstlich am Leben erhalten werden, die das unvermeidliche Ende nur umso bitterer werden lassen. Die letzte Klammer, die den Euro noch zusammenhält, ist das gemeinsame Interesse der überschuldeten Volkswirtschaften der Eurozone, an der von Eurologik und EZB-Billiggeldpolitik erzwungenen Umverteilung des deutschen Wohlstands und der deutschen Wirtschaftskraft nach West- und Südeuropa teilzuhaben. Für Deutschland ist der Abschied vom Euro die Chance, mit einer starken „Neuen D-Mark" die Innovationskraft und Produktivität der deutschen Wirtschaft zu erneuern, das Versprechen von „Wohlstand für alle" einzulösen und die Rücklagen zu erwirtschaften, die es für die demografiefeste Stabilisierung seiner sozialen Sicherungssysteme braucht. Und Europa kann ohne Euro und den Wahn vom EU-Superstaat die tiefen Gräben überwinden, die die Politik der „Alternativlosigkeit" hinterlassen hat.

**EU REFORMIEREN** – Wir müssen die Europäische Union wieder vom Kopf auf die Füße stellen. Der Nationalstaat ist und bleibt der Bezugsrahmen für Demokratie, republikanische Freiheit und Mitsprache und für den Sozialstaat. Europa muss sich wieder auf die Grundprinzipien der Subsidiarität und der demokratischen Rechte nationaler Parlamente besinnen. Darum müssen der EU-Kommission im ersten Schritt die legislativen Hoheitsreche entzogen werden. Die gewählten nationalen Parlamente brauchen ein klares Vetorecht gegenüber Brüsseler Vorgaben. Mitgliedstaaten müssen im Zweifel von EU-Vorgaben abweichen dürfen. Den nationalen, demokratisch gewählten Parlamenten gehört die Hoheit über die EU-Institutionen und nicht umgekehrt. Die Mitgliedstaaten müssen durch Vetorechte Veränderungen und Abweichungen herbeiführen oder bei Unveränderlichkeit der Regeln die Mitgliedschaft aufkündigen können. Nur so ist der dringend benötigte Standortwettbewerb möglich. Für künftige Austrittskandidaten muss deshalb der Exit-Artikel 50 der europäischen Verträge reformiert werden: Das passende Vertragsformat ist auch dafür bereits da: das Abkommen über den Europäischen Wirtschaftsraum, den EWR, von 1992. Garantiert sind hier die vier Freiheiten: die Freiheiten des Waren-, Kapital-, Dienstleistungs- und Personenverkehrs. Dabei müssen wir aber den Personenverkehr neu fassen. Wir brauchen Bewegungsfreiheit für Arbeitnehmer und Selbstständige, keinen freien Zugang in die Sozialsysteme.

**BILDUNGSSYSTEM REPARIEREN** – Der politische Missbrauch unserer Schulen als Spielplatz für ideologische Menschenexperimente und Reparaturbetrieb für das Integrationsversagen einer verfehlten

Einwanderungspolitik hat das deutsche Bildungswesen gefährlich herabgewirtschaftet. Statt ewiger Reformbaustellen brauchen wir ein Bildungssystem, das für ein Industrieland angemessen ist: leistungsorientierte Schulen, die Wissen vermitteln, das junge Menschen befähigt, selbst Erkenntnisse zu gewinnen, statt Meinungen und „Haltung" vorzugeben. Schulen sind zum Lernen da, Erziehung ist Elternsache. Noten und Zeugnisse müssen Leistungen realistisch abbilden, statt Schüler in Watte zu packen. Wir brauchen ein differenziertes Schulsystem, das fachliche und berufliche Bildung gleichwertig mit der Hochschulreife vermittelt. Die Pseudo-Akademisierung der Gesellschaft ist eine Sackgasse: „Wenn alle Abitur haben, dann hat keiner mehr Abitur", warnt der erfahrene Pädagoge Josef Kraus. Dann wird das Gymnasium die neue Gesamtschule. Und Gesamtschulen sind nicht nur erwiesenermaßen erfolglos, sondern in ihrer Gleichmacherei auch maximal ungerecht. Denn wenn das staatliche Schulsystem eingeebnet wird, entwickelt sich Bildung wieder zum Privileg der Wohlhabenden. So wie bei den rotgrünen Nomenklatura-Heuchlern, die „gemeinsames Lernen für alle" predigen und selbst ihre Kinder auf die teuersten Privatschulen schicken.

**BÜROKRATEN UND SOZIALINDUSTRIE ENTMACHTEN** – Es ist Missbrauch von Steuermitteln, Klientelsysteme, Nichtregierungsorganisationen, politische Hilfstruppen und sonstige Lobbyvereine auf Staatskosten zu schaffen, zu finanzieren und zu subventionieren. Wuchernde bürokratische Apparate und eine von Steuergeld abhängige sozialindustrielle Parallelstruktur, die sich von der Kontrolle durch die Bürger und ihre Repräsentanten weitgehend verselbstständigt hat, liegt wie lähmender Mehltau auf unserem Land. Zu viele Ressourcen sind unproduktiv in diesen Strukturen gebunden, die nur zu oft vor allem dem Zweck dienen, sich selbst zu erhalten und ihre Existenz zu rechtfertigen. Durch die sanfte Hintertür der Wohlfahrtsbürokratie mischt der Staat sich immer tiefer in die Wirtschaft und das Privatleben seiner Bürger ein. Diesen bürokratischen

Kollektivismus müssen wir überwinden. Ludwig Erhard hat klar erkannt, dass jedes Kollektiv früher oder später die besten Eigenschaften jedes einzelnen Bürgers lähmt und ihm Eigeninitiative und Freiheit raubt. Es gilt, was Ludwig von Mises in seiner Generalabrechnung mit der Bürokratie feststellt: „Wer seinen Mitmenschen nicht zu dienen in der Lage ist, will sie beherrschen."

**MEHR DIREKTE DEMOKRATIE WAGEN** – Die Bürger selbst mitreden und mitbestimmen zu lassen ist das wirksamste Gegengift gegen Arroganz und Realitätsverweigerung von Polit- und Parteiapparaten, die zum Selbstzweck geworden sind. Nicht „geräuschloses" Regieren durch abgehobene Technokraten ist das Ideal, sondern richtiges Regieren. Wenn alle entscheiden, was alle betrifft, wird das Risiko verhängnisvoller, unkorrigierter einsamer Fehlentscheidungen minimiert, während der Rückhalt im Volk für einmal gemeinsam getroffene Entschlüsse steigt. Direkte Demokratie zwingt zu permanenter öffentlicher Debatte statt Geheimdiplomatie und Apparateherrschaft. Es ist hoch an der Zeit, dass mündige Bürger sich aus staatlicher Bevormundung und Entscheidungslenkung befreien und sich das letzte Wort als Souverän zurückholen. Freie Bürger sind nämlich informierter und einsichtiger, als Politiker ihnen gemeinhin zutrauen – und vernünftiger sind sie sehr häufig auch.

**VERNUNFT GEBRAUCHEN** – Linke Gefühls- und Gesinnungspolitik hat die politischen Sitten in Deutschland gründlich verdorben. „Bei den großen Themen wie Flüchtlinge, Europa, ‚metoo', Trump und AfD analysiert und diskutiert man nicht mehr, sondern man stellt sich auf die richtige Seite und fühlt sich gut" – so beschreibt Norbert Bolz treffend den herrschenden Zeitgeist, den wir überwinden müssen. Deutschland braucht eine neue Aufklärung. Das Motto dieses Zeitalters ist unverändert aktuell: Habe Mut, dich deines eigenen Verstandes zu bedienen. Vernunft und Kritik sind der Weg zur Wahrheitsfindung. Dafür ist der offene, freie Austausch von Meinungen und Gegenmeinungen, Erkenntnissen und Widerlegungen unabdingbar. Das ist nicht nur der Gegenentwurf zum islamischen Totalitarismus und Aberglauben. Aufklärung ist vor allem das Gegenstück zum linken Moral- und Tugendterror. Die politische Linke nimmt gern für sich in Anspruch, die Werte der Aufklärung gepachtet zu haben. Die Irreführung könnte größer nicht sein. Es ist eine unausrottbare linke Leidenschaft, Andersdenkende aus dem Diskurs und aus der Gesellschaft auszugrenzen – oder, wie zahlreiche linke Diktaturen lehren, im Extremfall sogar physisch zu eliminieren. Die Feinde der Aufklärung und der offenen Gesellschaft stehen heute links. Treten wir ihnen entgegen – mit Fakten, Argumenten und der unbeugsamen Leidenschaft für die Freiheit.

„Die Politik", heißt es in Max Webers viel zitierter Definition, „bedeutet ein starkes langsames Bohren von harten Brettern mit Leidenschaft und Augenmaß zugleich." Was mich antreibt und welche Bretter ich mir vornehmen will, habe ich auf diesen Seiten dargelegt. Es wird keine schnelle und keine einfache Aufgabe sein, Deutschland wieder nach vorne zu bringen; Einreißen und Verschleudern geht allemal leichter als Reform und Wiederaufbau. Aber dennoch führt kein Weg daran vorbei. Damit wir unseren Kindern und Nachfahren ein Deutschland hinterlassen, an dem sie weiterbauen können: eine freie, sichere und geordnete Republik.